DU GOUVERNEMENT,

DES MŒURS,

ET DES CONDITIONS

EN FRANCE,

AVANT LA RÉVOLUTION.

DU GOUVERNEMENT, DES MŒURS, ET DES CONDITIONS EN FRANCE, AVANT LA RÉVOLUTION;

AVEC

LE CARACTÈRE DES PRINCIPAUX PERSONNAGES DU RÈGNE DE *LOUIS XVI.*

Par M. SENAC DE MEILHAN, ancien Intendant de Valenciennes.

Repetendum videtur, qualis ſtatus urbis, quæ mens exercituum, quis habitus provinciarum, quid validum, quid ægrum fuerit, ut non modo caſus, eventuſque rerum qui plerumque fortuiti ſunt, ſed ratio etiam cauſæque noſcantur.

TACITUS, Lib. I. hiſt.

A HAMBOURG,

CHEZ BENJAMIN GOTTLOB HOFFMANN.

1795

TABLE DES TITRES.

Fin de la Table.

CONSIDÉRATIONS
PRÉLIMINAIRES.

En voyant un grand Peuple célèbre par la facilité & la douceur de ses mœurs, remarquable depuis dix siècles par un amour passionné pour ses Rois, passer de l'obéissance & du respect aux plus violens excès, contre le Roi, les Princes, les Grands, le Clergé, on doit croire, que les plus cruelles injustices ont seules pu altérer le caractère de ce peuple & le porter du désespoir à l'insurrection. Les nombreux écrits, que la démocratie enfante, représentent les Nobles armés de privilèges oppressifs, & le Tiers-Etat opprimé, avili, sans moyens de fortune & d'avancement. Il semble, en lisant ces écrits, qui circulent dans l'Europe entière, que des favoris dissipoient les trésors de l'état, & que le Monarque aux cruautés de Louis XI, réunissoit les goûts dissipateurs des derniers Valois. Les ouvrages favorables au parti opprimé ne sont lus en général que par ceux de ce parti & disparoissent avec la circonstance qui les a fait naître; on ne peut se dissimuler aussi, que les écrits des Démocrates, qui présentent à la multitude de tous les pays la trompeuse amorce de l'égalité, & de la liberté, en doivent être plus favorablement accueillis que ceux du parti opposé : enfin le succès, Dieu du monde, le succès, qui consacre jusqu'aux forfaits, vient joindre son illusion puissante aux raisonnemens ; & on est porté à donner raison à des hommes, qui surprennent par les ressources immenses qu'ils développent, & par des efforts souvent victorieux (1).

Les esprits les plus sages sont eux-mêmes em-

---

(1) Ces efforts au reste considérés attentivement, loin d'être un objet d'admiration, présentent l'image du désordre, & du plus aveugle déréglement. Il n'est pas étonnant que l'on trouve des ressources considérables dans un pays abondant en numéraire, riche en productions de tout genre, & peuplé de vingt-six millions d'habitans. L'habileté consistoit à proportionner la dépense & les efforts, aux objets à remplir ; mais la dissipation des Caligula, des Néron n'approche pas de la prodigalité qui caractérise les dépenses de la Nation. Une ressource immense résultoit de l'invention des assignats, l'usage excessif qu'elle en a fait, a avili ce signe représentatif, qui pouvoit, bien ménagé, rivaliser avec les métaux ; la Nation, pour lutter contre cent mille hommes, en emploie douze cent mille aux dépens de la culture qui languit, de l'industrie qui dépérit. Les frais de la guerre s'élèvent à la somme inouie de deux milliards cinq cents millions ; la reproduction des bestiaux destinés à la subsistance est attaquée dans son principe par des consommations immodérées. Frédéric a vu une partie de l'Europe armée contre lui ; il s'est soutenu malgré l'inégalité de ses forces, & a fini par triompher. Voilà ce qui est véritablement digne d'admiration.

barraſſés pour concevoir comment, dans un eſpace de trente-ſix mois, ſe ſont évanouis ce profond reſpect pour la Royauté, & cet ardent amour pour les Rois commandé par dix ſiècles; comment ces ſentimens ont été remplacés par la haine furieuſe, par le mépris inſultant. Ils ont peine à ſe former une juſte idée d'un gouvernement, qui a croulé avec tant de promptitude & de fracas, & ſe figurent que ſi une oppreſſion manifeſte & violente ne déſoloit pas ouvertement les peuples, ils étoient les victimes des ſourdes & continuelles machinations de l'autorité des Grands contre leur liberté & leurs propriétés; que depuis long-temps enfin le mécontentement comprimé par la crainte, n'attendoit pour éclater qu'une occaſion favorable.

En réfléchiſſant ſur les erreurs de jugement des perſonnes les plus modérées, j'ai penſé, qu'un ouvrage, qui traceroit impartialement l'état de la France avant la Révolution, & fixeroit les idées ſur les avantages, dont jouiſſoient les différentes conditions de la Société, pourroit être intéreſſant pour ceux qui cherchent la vérité pour le ſeul plaiſir de la connoître, & inſtructif pour les hommes qui gouvernent, en leur faiſant voir, que le défaut de ſyſtême, l'oubli des anciens principes, l'inattention à ſuivre, à ſaiſir la marche de l'eſprit humain, peuvent avoir des ſuites plus fatales que la plus violente tyrannie; enfin que cet ouvrage serviroit à graver profondément dans les esprits cette vérité essentielle, que tout gouvernement qui s'endette, se précipite plus ou moins rapidement vers un état de détresse également fatal à sa considération au-dehors, & à sa puissance au-dedans.

L'état des Finances a été en France le premier principe de la Révolution; mais cette maladie du corps politique n'a pas été si grave encore, que les remèdes ont été insuffisans ou mal-adroitement appliqués.

La plénitude de puissance, dont avoit joui Louis XIV, sans nulle opposition, avoit produit dans les règnes suivans une sorte d'engourdissement. Les Monarques, exempts de toute contradiction, n'avoient aucune habitude de discussion, aucun usage personnel de politique; enfin nul danger n'avoit, depuis près d'un siècle, excité leur sollicitude. Le Roi a succombé, parce qu'il lui a paru impossible de succomber. Un zèle inconsidéré & la légèreté nationale ont déterminé les premières entreprises contre l'autorité; l'esprit de faction s'y est joint dans peu, & s'est enhardi de moment en moment par le défaut de résistance. Le gouvernement n'a été frappé du danger que lorsqu'il n'étoit plus temps d'y remédier; & il n'a jamais ni connu le siècle actuel, ni réfléchi sur la nature des principes & sur les effets communicatifs & rapides de l'enthousiasme. Tout a semblé facile a réduire, tant que la confiance s'est reposée sur une armée ; & l'on a dédaigné de s'assurer si cette confiance étoit fondée ; mais au moment que l'armée a manqué, le trône n'a plus eu d'appui ; & dès que le peuple a eu un ptétexte de s'armer, il a été souverain. La légèreté d'esprit dans les classes supérieures a commencé la Révolution, la foiblesse du Gouvernement l'a laissé faire des progrès, & la terreur a consommé l'ouvrage.

Au moment où le Clergé, où l'ordre de la Noblesse sont venus se confondre avec le Tiers-Etat, les fondemens de la Monarchie ont croulé, & il n'y a plus eu aucun degré, qui séparât le dernier des citoyens du monarque, qualifié alors *de fonctionnaire* de l'Etat.

La Démocratie étoit la suite inévitable d'une telle confusion ; & l'effusion de sang, les plus atroces barbaries, le résultat nécessaire de l'agitation générale du peuple : enfin les plus mortelles exhalaisons devoient sortir de la lie nationale, remuée par des mains criminelles & téméraires.

Cet ouvrage contiendra le tableau des élémens constitutifs du gouvernement de la France, des conditions de la Société, des mœurs de la Cour, & de ceux qui ont gouverné.

Les vertus & le caractère ne sont pas susceptibles d'être prouvés démonstrativement ; & la louange rend suspect l'auteur qui la dispense même avec la plus exacte justice. Je m'appuierai donc uniquement sur les faits, pour louer ou justifier le Roi, la Reine & les Princes ; & je renoncerai à trouver des expressions propres à caractériser les évènemens. La simplicité du style convient seule, lorsque l'expression ne peut atteindre à la grandeur des objets. L'homme n'a qu'une mesure de sensibilité, & son langage qu'un degré d'énergie : son cœur est-il oppressé par le poids accablant d'un sentiment profond ; son imagination ravagée par des spectacles d'horreur multipliés, il désespère d'y proportionner son langage ; & un geste, un regard, un morne silence, lui tiennent lieu alors de paroles, & sont plus expressifs.

Que celui qui tentera de peindre Louis XVI précipité d'un trône, que ses pères ont occupé pendant neuf cents ans, marchant vers l'échafaud au milieu de six cent mille de ses sujets glacés par la crainte, ou enivrés de fureur.... Marie Antoinette, fille de vingt-quatre Empereurs, assise dans un tombereau les mains liées.... que celui-là renonce à l'emploi des termes les plus énergiques ! Le plus simple récit sera plus éloquent que toute la pompe oratoire ; qu'il n'omette aucune circonstance, c'est le seul art qu'il doive employer, & il fera frissoner.... on admire dans la Genèse : *Dieu dit que la lumière se fasse & la lumière se fit*, parce que l'impuissance où l'homme se trouve pour décrire la création, eſt couverte par la ſimplicité du récit, qui donne en quelque ſorte une idée de la toute-puiſſance, en ne faiſant qu'un ſeul acte de la volonté & de l'exécution. L'amour de la vérité a ſeul dicté cet ouvrage; & en ſuivant attentivement les révolutions que le Gouvernement a ſubies depuis ſon origine, le lecteur dégagé inſenſiblement des préjugés adoptés ſans examen, ne verra pas ſans ſurpriſe les Rois de France conſtans bienfaiteurs de leurs peuples, & tous les actes favorables à l'humanité, émanés de la puiſſance royale; enfin cette ſurpriſe augmentera en voyant que les changemens ſurvenus dans le Gouvernement ont tous été contraires aux privilèges de la Nobleſſe, dont le peuple a juré la ruine. Je ſuis bien éloigné de penſer que le Gouvernement fût ſans abus, mais ils n'étoient point aſſez nombreux & n'avoient point aſſez de force, pour détruire ou paralyſer les principes inaltérables de proſpérité que renfermoit ce puiſſant Empire.

DE L'ORIGINE DU GOUVERNEMENT DE LA FRANCE ET DE SES PRINCIPES CONSTITUTIFS.

Les Gouvernemens modernes ſe reſſemblent tous en remontant à leur origine : un Roi & une Nobleſſe puiſſante formoient leurs élémens conſtitutifs, & la guerre étoit l'état habituel des peuples; tous les François étoient libres & égaux par leur naiſſance, tous étoient militaires & ſuſceptibles des grands emplois, & de la dignité *de leude ou de fidèle* qui leur étoit conférée par le Roi. La réception parmi les leudes conſiſtoit dans le ſerment de fidélité qui étoit prêté au Roi, & auquel on n'étoit admis que lorſque l'on s'étoit diſtingué par quelque action d'éclat. Ces leudes formoient la véritable & ſeule Nobleſſe, & elle n'étoit que *perſonnelle*, comme dans les temps poſtérieurs la dignité de chevalier. Il n'eſt rien dans l'expoſé de cette incontestable vérité, qui puiſſe bleſſer la Nobleſſe, qui met le plus de prix à ſe perdre dans la nuit des temps. Toute choſe a eu ſon commencement; & l'on ne peut ſuppoſer, qu'on ſoit né anciennement Gentilhomme, comme l'on naît blanc ou nègre. L'accès auprès de la perſonne du Roi réſervé aux ſeuls leudes étoit la plus grande des diſtinctions, & le titre de convive du Roi une véritable dignité nationale ; il réſulte de ce que je viens de dire, que la Nobleſſe émanoit du Roi, qui dans ces temps anciens étoit la ſource de toute grandeur, dignité & fortune. Les aſſemblées connues ſous le nom de Champs-de-Mars, ou de Champs-de-Mai, étoient une fidelle image de celle des anciens Germains, & la Nation compoſée des hommes libres & des leudes exerçoit la puiſſance légiſlatrice. Le Roi & la Nation aſſemblée diviſèrent le Royaume en duchés & comtés, & voilà l'origine des grands vaſſaux. Les Francs, lors de la conquête, s'emparèrent des terres des Gaulois, & la Nation & le Roi en firent des diſtributions à titre de bénéfices qui étoient à vie : les Rois ſeuls diſposèrent enſuite de ces bénéfices ; & comme ils avoient des domaines immenſes formés des terres dont ils s'étoient emparés, ils diſtribuèrent au même titre de bénéfices ces domaines à la Nobleſſe, & s'appauvrirent de jour en jour par leurs libéralités. Ainſi les Rois ont à-la-fois conféré & la nobleſſe & la richeſſe aux compagnons de leurs victoires : c'eſt une erreur de croire que la nobleſſe ne fut accordée qu'à des Francs ou des Gaulois libres & que les anobliſſemens ne remontent qu'à Philippe-le-Bel ; ils ont eu lieu dès le ſixième ſiècle, &

vers 650 on voit élevé à la dignité de comte de Tours un *Leudaste* affranchi, & dont une oreille coupée, pour s'être enfui de la maison de son maître, attestoit l'origine servile. Quel Noble de nos jours ne se trouveroit pas honoré de descendre d'un comte de Tours existant au sixième siècle! & cependant il descendroit d'un esclave. Lorsqu'on cessa de convoquer les Champs-de-Mars, l'autorité des Rois s'accrut d'années en années, & ils furent dans peu en possession de la puissance législatrice. Les Grands, qui se perpétuèrent dans les emplois de Ducs & de Comtes, devinrent rivaux des Rois. La maison Capétienne possédoit le Duché de France à la fin de la seconde race, & l'éclat & la fortune dont elle jouissoit, la portèrent sur le trône; c'est alors que fut établi véritablement le Gouvernement féodal, dont on trouve des exemples chez divers peuples & même dans l'Amérique. Ce Gouvernement qu'on traite de barbare, étoit fondé en raison dans des temps où il y avoit peu de numéraire; les propriétaires des terres intéressés à la défense de l'Etat & de leurs possessions, armoient leurs vassaux, & se mettoient à leur tête lorsque l'un ou l'autre étoient menacés: la hiérarchie étoit fondée sur l'importance des possessions, qui rendoit les grands propriétaires chefs d'une multitude de vassaux, & la division de l'armée d'Attila donne un exemple de cette autorité progressive. Le Clergé obtint des dons immenſes de la piété craintive, qui le mirent au rang des plus grands propriétaires, & la profonde ignorance & le ſouvenir du rang éminent des prêtres chez les Germains, rendirent les eccléſiaſtiques arbitres des plus grandes affaires. Sous les deux premières races la couronne étoit élective, & elle s'eſt maintenue dans la maiſon de Clovis & dans celle de Pepin-le-Bref, comme le ſceptre impérial dans la maiſon d'Autriche, par de ſucceſſives élections. Il eſt cependant à préſumer que ſous la ſeconde race la couronne n'étoit élective que parmi les deſcendans de Pepin-le-Bref. La puiſſance de la Nobleſſe fut long-temps en rivalité avec celle des Rois, à qui l'affranchiſſement des communes parut un moyen sûr d'abaiſſer la Nobleſſe, en lui oppoſant des corps nombreux de citoyens. Ces motifs joints à des principes d'humanité, déterminèrent les Rois à l'abolition de la ſervitude. Ils accordèrent des privilèges aux villes, & les Plébéiens commencèrent à former une partie du corps politique; l'autorité des Rois s'accrut par les ſecours en troupes & les ſubſides que fournirent les villes. La puiſſance de la Nobleſſe déclina à meſure que s'élevèrent de nouvelles familles, auxquelles le commerce & l'induſtrie procurèrent des richeſſes, qui les mirent dans peu au rang des Nobles par la poſſeſſion des fiefs; la richeſſe, dans ces temps, formoit en quelque ſorte la Nobleſſe, & la dénomination de *riches hommes* en France & de *ricco hombres* en Eſpagne, qui ſervoit à déſigner les Grands, ne laiſſe aucun doute à cet égard. Des Etats-Généraux remplacèrent les Champs-de-Mars ; ils ne furent d'abord aſſemblés que pour étendre & affermir l'autorité du Roi, & le Tiers-Etat ne fut compoſé que des députés des ſeules villes de la Couronne, le Roi y conſerva un grand aſcendant, & la maxime, *qui veut le Roi ſi veut la Loi*, en eſt la preuve. Le concert qui règna dans les trois ordres ſous le Roi Jean, donna aux Etats des moyens de fixer des limites à l'autorité royale ; mais ces Etats même reconnurent qu'au Roi ſeul appartenoit le *droit de faire des Lois*. Les Parlemens, originairement inſtitués pour rendre la juſtice au nom du Roi, étoient compoſés des vaſſaux immédiats de la Couronne. Ils ſuivoient le Roi à la guerre & dans les voyages. A l'avènement de Hugues Capet, duc de France, à la Couronne, il opéra un grand changement, qui fut d'admettre dans les Parlemens, les Barons de ſon duché conjointement avec les vaſſaux immédiats de la Couronne.

La Nobleſſe, par les conceſſions des Rois, avoit acquis des dignités qui donnoient aux principaux de cet Ordre les rapports de puiſſance, qui exiſtent de nos jours entre les Electeurs, les Princes ſouverains d'Allemagne, & le chef de l'Empire. Elle perdit de jour en jour une partie du pouvoir dont les grands vaſſaux avoient ſouvent abuſé, & la réunion des grands fiefs ſous Louis XI fit entièrement diſparoître les rivalités, qui avoient fait couler tant de ſang pendant pluſieurs ſiècles. Cette rivalité de quelques puiſſans vaſſaux, fondée ſur une longue poſſeſſion de la plupart des droits royaux, ſe concilioit avec le plus profond reſpect pour la Royauté; & la Nobleſſe voyoit toujours dans le Roi la ſource de tout pouvoir, & mettoit ſa gloire & ſon honneur à défendre ſon trône & ſa perſonne. Ces ſentimens étoient depuis deux mille ans empreints dans ſon cœur, & remontoient aux temps où les Francs habitoient les forêts de la Germanie. Les grands vaſſaux, dont la puiſſance égaloit preſque celle des Rois, ſe ſoumettoient aux jugemens de la cour des pairs, & ils ne réclamèrent point contre la dénomination de *ſubditi*, ſujets, que leur donnoient les rois. Les Nobles étoient en général fidèles au Roi comme à leur chef, & les vaſſaux immédiats de la Couronne lui étoient encore particulièrement dévoués comme à leur ſuzerain. Les grands fiefs ayant été réunis à la Couronne, la haute Nobleſſe perdit de jour en jour une partie de ſes prérogatives, & finit par ne conſerver que celle de former eſſentiellement la Cour du Roi, & d'en remplir les premiers emplois. Le Clergé ſeul continua à jouir du droit de s'aſſembler & d'offrir aux Rois des dons gratuits, dont l'origine remonte aux premières aſſemblées appelées *Champs-de-Mars*, & même à celles des anciens Germains, dans leſquelles le Clergé & les hommes libres, qui les compoſoient, offroient aux Rois des préſens volontaires d'armes, de chevaux, &c. &c., qui ſe changèrent enſuite en tributs.

Cet expoſé ſommaire fait voir que la Nobleſſe doit originairement aux Rois ſon rang & ſa fortune, & que l'immenſe multitude dont eſt compoſé le reſte du royaume, leur doit la liberté & ſon exiſtence politique.

En ſuivant atentivement la marche des choſes, on voit à travers toutes les viciſſitudes qu'a ſubies le Gouvernement, régner le même eſprit & les mêmes principes. Le Clergé & la Nobleſſe dans les anciens temps forment des ordres diſtincts, les principaux de la Nobleſſe compoſent eſſentiellement la cour des Rois ; & les Plébéiens, par le ſervice militaire ou la poſſeſſion des fiefs, parviennent au rang des Nobles. Tel a été encore juſqu'à la révolution actuel le tableau que préſentoit le Gouvernement. Le Clergé & la Nobleſſe étoient les premiers ordres de l'Etat ; & la poſſeſſion de certaines charges, ou des lettres du Prince, faiſoient jouir des privilèges de la Nobleſſe, & élevoient ſouvent les deſcendans de ces annoblis, en quatre ou cinq générations, aux premières dignités de l'Etat.

Il n'y avoit point en France de conſtitution dans

le ſens rigoureux où ce mot eſt entendu, c'eſt-à-dire, qu'il n'y avoit point d'acte paſſé entre le Souverain & les peuples, qui fixât invariablement la puiſſance de l'un & les droits des autres. Mais les réglemens faits par les Etats-Généraux, les principes & les maximes adoptés par ces aſſemblées, & le recueil des Lois enregiſtrées dans les Parlemens en tenoient lieu, & le droit de remontrance étoit un frein à l'autorité arbitraire. Le profond reſpect pour la plus illuſtre des races royales, le ſouvenir de l'antique ſplendeur de la Nobleſſe, le ſentiment qu'on appelle honneur, les mœurs nationales, d'antiques traditions, les privilèges accordés à diverſes claſſes de citoyens, formoient un ſyſtême de Gouvernement aſſorti au génie François.

Je ne puis m'empêcher de citer, à propos du Gouvernement François, un paſſage de J.-J. Rouſſeau qui eſt bien remarquable, lorſqu'on ſonge que c'eſt dans les ouvrages de cet écrivain que les plus violens ennemis de la Monarchie ont cherché des maximes & des principes, dont ils ont forcé l'application pour l'appui de leur ſyſtême. J.-J. Rouſſeau s'exprime ainſi (dans la Polyſinodie) « quand tous » les avantages d'un nouveau plan ſeroient inconteſtables, quel homme de ſens oſeroit changer les » vieilles maximes, tenter d'abolir les vieilles coutumes, & donner une autre forme à l'Etat (en » France) que celle où l'a ſucceſſivement amené

» une durée de treize cents ans? que le Gouvernement actuel soit encore le même, ou que durant tant de siècles il ait insensiblement changé de nature, il est également imprudent d'y toucher; si c'est le même, il faut le respecter; s'il a dégénéré, c'est par la force du temps & des choses, & la sagesse humaine n'y peut rien »,

Le Roi prétendoit avoir seul, & sans concours d'aucune volonté, la puissance législatrice; & c'est ainsi que s'expliqua Louis XV dans un lit de Justice en 1770; le président Haynault, dans son Histoire de France, a soutenu la même opinion. « Comme » nous ne reconnoissons, dit-il, d'autre Souverain » que le Roi, c'est son autorité qui fait les Lois; » ainsi les Etats-Généraux du Royaume n'ont que » la voie de la remontrance & des très-humbles » supplications ». Les faits sont favorables à ce sentiment, mais il fut souvent combattu par les Parlemens. Et comme les peuples avoient l'habitude de voir dans les Parlemens des corps associés à la législation, le Roi ne pouvoit dans la réalité lever d'impôts sur ses sujets, sans la formalité d'un *libre enregistrement*. Cet obstacle étoit le plus puissant qui pût être opposé à l'autorité arbitraire; & il étoit tel que le Roi étoit embarrassé après une longue guerre, de proposer la continuation d'un vingtième nécessaire à l'acquittement des dettes contractées pour la soutenir. Je suis convenu que dans un sens

rigoureux,

rigoureux, il n'y avoit point, à proprement parler, de Constitution (1), c'est-à-dire, de charte limitative des divers pouvoirs; mais aucune question intéressante ne pouvoit dans le fait être élevée, sans qu'il fût facile de la résoudre en parcourant les réglemens rendus sous divers règnes. S'agissoit-il de l'impôt depuis plus de deux siècles; les Parlemens étoient en possession d'en examiner la nécessité & les inconvéniens; & si un lit de Justice, dernier recours de l'autorité, forçoit les Parlemens à enregistrer un impôt, le morne silence des Magistrats violentés & les murmures du Peuple avertissoient le Monarque de l'abus qu'il faisoit de son pouvoir. Enfin les Peuples se refusoient à acquitter des charges qui n'étoient pas établies avec le libre concours des Magistrats, & le Roi souvent fut obligé de retirer ses édits. S'agissoit-il de la liberté des Citoyens; personne n'ignoroit que le Roi n'étoit point en droit d'en disposer arbitrairement; &

(1) Plusieurs recueils publiés en 1629, contenoient les principes du Gouvernement; & dans le code Marilla se trouvent les plus célèbres ordonnances, & celles rendues à la demande des Etats-Généraux de 1614. Les ordonnances & divers décisions, rendues en différentes circonstances, jointes aux mœurs & aux coutumes, formoient une véritable Constitution.

l'usage abusif qu'on a fait de l'autorité à cet égard, a eu originairement pour principe, de pourvoir dans des temps de troubles d'une manière prompte à la sûreté publique. C'est ainsi qu'en Angleterre, la loi d'*habeas corpus* a été, dans ce siècle, & même tout récemment, suspendue. Le Roi a été investi d'une véritable dictature, seul moyen d'assurer la chose publique, lorsque l'urgence des circonstances exige l'unité d'action & la célérité. Les Rois ont usé de l'arme dangereuse de l'autorité arbitraire, particulièrement dans les siècles où la puissance des grands vassaux luttoit contre la puissance royale, comme pendant le règne de Louis XI. Je suis bien éloigné de justifier ce Monarque, dont les yeux aimoient à se repaître de sanglans spectacles, dont les oreilles étoient agréablement flattées des cris de ses victimes. Mais je dirai avec vérité que ce n'est point contre le Peuple que ce Prince a exercé ses cruautés, mais contre les Grands, qu'il a fini par soumettre. Les barbares exécutions, qu'il a ordonnées avec volupté, ont été au contraire favorables aux Peuples, en les affranchissant de l'oppression d'une multitude de tyrans, & étouffant le germe de guerres multipliées qui désoloient les villes & les campagnes. Les Rois ont usé de l'autorité arbitraire, lorsque l'ambition des Grands, jointe au fanatisme religieux, a excité des troubles dans le Royaume, comme ſous les derniers Valois, lorſque tous les ordres de l'Etat abuſoient également de leur autorité & de leurs moyens. C'eſt principalement le combat de diverſes autorités, qui a excité les Rois à outrepaſſer les bornes de leur pouvoir ; & c'eſt moins pour ſervir leurs paſſions, que pour le maintien d'opinions religieuſes, qui, par l'effet d'une aveugle ſuperſtition, diſpoſoient les eſprits à la barbarie. Les Prêtres, dans le dernier ſiècle, ont égaré Louis XIV, & l'ont engagé à des actes auſſi impolitiques que rigoureux & injuſtes contre les proteſtans. Les Prêtres ont, dans le ſiècle actuel, également excité l'autorité contre les janſéniſtes ; en ſorte que l'on peut dire que c'eſt le Roi *très-Chrétien* qui a été impolitique & injuſte, plus que le Roi conſidéré abſtraction faite de la religion. Ce n'eſt pas pour régner deſpotiquement que Louis XIV & Louis XV ont exilé, ont fait empriſonner une multitude de Citoyens, mais pour ſeconder le zèle intolérant du Clergé. Depuis trente années, les progrès de la philoſophie avoient inſpiré une tolérance religieuſe, qui avoit déſarmé l'autorité ; & le haut Clergé, plus inſtruit, plus éclairé, avoit adopté des maximes plus humaines. Sans crainte des Grands, qui n'étoient plus que des courtiſans, & dégagés du fanatiſme, les Rois n'avoient aucun intérêt à entreprendre contre la liberté des Citoyens ; ils sont trop au-dessus des autres hommes, pour haïr & persécuter par un sentiment qui leur soit propre. Auguste, devenu Empereur, cessa d'être cruel ; & Louis XIV ne l'a jamais été.

La puissance exécutrice étoit sans nulle opposition entre les mains du Roi, & la puissance judiciaire, dont il étoit la source, étoit exercée par les Parlemens & les autres cours souveraines. Quelquefois les Rois ont porté atteinte à cet exercice, soit par l'établissement de commissions, soit par des évocations au conseil ; mais ces actes d'autorité étoient rares, & il n'en est qu'un seul exemple sous le règne de Louis XV, qui est celui de la commission établie en Bretagne, pour le jugement de M. de la Chalotais.

Si l'on est embarrassé de définir un tel Gouvernement, je dirai qu'il est purement *Monarchique*, & que ce Gouvernement renfermoit, comme toute faculté physique, les moyens d'user & d'abuser. En considérant attentivement les divers régimes politiques, on ne trouve au fond que deux sortes de Gouvernemens : la Monarchie & la République ; les Monarchies mixtes ou tempérées, ne sont au fond que des modifications du régime Républicain. Lorsque le Peuple s'assemble, délibère, décide, soit par lui-même, soit par les représentans qu'il a choisis, le Gouvernement, quelle que soit sa dénomination, est Républicain. L'Angleterre est au rang des Monarchies, & le Roi d'Angleterre ne jouit pas, tout bien considéré, d'une puissance égale à celle des consuls à Rome, où le Peuple n'étoit pas habituellement en défiance de l'autorité, comme le Peuple Anglois, qui est sans cesse occupé à réparer & à fortifier les digues qui la contiennent.

On conteste au Peuple Anglois d'être libre; & un écrivain célèbre, J.-J. Rousseau, prétend qu'il n'est véritablement en possession de la liberté qu'au moment des élections. On peut dire, par la même raison, que le Roi d'Angleterre n'a de puissance réelle, qu'au moment où il refuse de consentir à un bill.

Mais à moins de supposer la pleine & entière démocratie, où le Peuple est toujours en action, un tel systême est outré, & il en résulteroit que toute délégation de pouvoir est un abandon de la liberté. Le Gouvernement Anglois a sans doute des imperfections, comme tous les ouvrages des hommes. La représentation est dans quelques provinces insuffisante, & dans d'autres supérieure à ce qu'elle doit être, parce que la population & l'industrie ont fait de grands progrès dans quelques parties, & sont diminuées dans d'autres, depuis la fixation du nombre des Députés. La taxe des pauvres est énorme, puisqu'elle s'élève à *cinquante-cinq millions* tournois, & ses produits sont mal administrés. La durée des Parlemens paroît à plusieurs devoir être restreinte, afin de ne pas laisser aux Ministres le temps d'acquérir un trop grand ascendant sur les Membres des Communes. Les Lois civiles sont compliquées, & ouvrent la voie à une multitude de chicanes. Enfin la dette est immense en Angleterre, & surpassoit celle de la France avant la Révolution. Tels sont les abus qu'on reproche au Gouvernement Anglois. Mais malheur à qui osera toucher inconsidérement à cet assemblage heureux de parties, qui se balancent par une merveilleuse action & réaction de pouvoirs divers! Quel est l'homme qui, après avoir parcouru l'Europe, n'est pas saisi d'un sentiment de surprise & d'admiration lorsqu'il arrive en Angleterre? Les campagnes offrent la plus florissante culture, & les plus médiocres villages renferment des maisons, qui ne le cèdent pas à la plupart de celles de la capitale. Les routes sont remplies de voitures & d'hommes à cheval, qui tous présentent l'image de la richesse ou de l'aisance. La Tamise est couverte de navires, l'industrie est par-tout animée, la circulation rapide des métaux ou des papiers de banque solde à chaque instant, & multiplie les travaux ; l'or enfin eſt plus commun à Londres que ne le ſont, dans les villes d'Allemagne, les pièces inférieures de monnoie. Chaque Citoyen vit dans la ſécurité la plus profonde, & ſe croit avec raiſon une partie active de la machine du Gouvernement. Les Grands honorés du Peuple ne peuvent jamais l'opprimer ; les Miniſtres ont une grande influence & point d'autorité. Le Roi, chef de l'Egliſe, de la Juſtice & des Armées, ſource féconde des honneurs & des dignités, reſpecté & jamais redouté, eſt un des trois élémens néceſſaires à la formation des Lois, & jouit de la plénitude de la puiſſance exécutrice.

Enfin l'intérêt perſonnel obligé de ſe couvrir, dans le Parlement, du maſque du patriotiſme, ne peut arriver à ſon but qu'en ſervant pendant un temps avec éclat la choſe publique. Le rôle que joue dans l'Europe la Nation Angloiſe, dépoſe en faveur de ſa Conſtitution. Elle a lutté à la fois contre les plus grandes puiſſances de l'Europe & contre ſes propres Sujets ; & une Nation, qui ne compte que dix millions de Sujets, s'eſt miſe au rang des premières Puiſſances, & fait, par ſa ſeule intervention, pencher la balance vers le parti qu'elle embraſſe.

Quels que ſoient les reſſorts d'un Gouvernement, c'eſt d'après l'état heureux ou malheureux des Peuples qu'il faut juger de sa bonté, & non d'après les distinctions d'un esprit subtil, ou le modèle idéal qu'on se propose, ou enfin d'après les exemples des anciens Peuples & des temps dont on ne peut se former une juste idée.

Si l'on conteste au Peuple Anglois sa liberté, le Gouvernement François, tel que je l'ai dépeint, offrira un véritable despotisme à la plupart des hommes peu instruits du jeu des divers ressorts de ce Gouvernement. Mais pour détruire cette opinion, je laisserai les raisonnemens dans lesquels s'égare la subtilité, & je répondrai par le fait, comme ce philosophe, à qui l'on nioit le mouvement, & qui, pour toute réponse, se mit à marcher. Je me bornerai donc à dire : si le despotisme existoit en France, il a dû y produire les effets qui en résultent nécessairement. Des campagnes en friche, les villes dépeuplées, les manufactures languissantes, le commerce arrêté dans son cours, l'industrie opprimée & découragée, une défiance générale qui fait enfouir les métaux & élève l'intérêt à un prix excessif : tels sont les symptômes nécessaires & constans du despotisme. Est-ce là le tableau que présentoit la France depuis deux siècles ? On voit au contraire dans ce Royaume l'industrie puissamment animée, & le commerce devenir de jour en jour plus florissant. Les ports de Nantes, de Marseille, de Bordeaux, de Rouen, se remplissent de Navires, l'Océan est joint à la Méditerranée, & les trésors des deux mondes refluent dans toutes les provinces du Royaume ; & la ville de Lyon, centre de l'industrie nationale, assujettit à nos modes trois parties du monde. Enfin dans les plus petites villes, des maisons plus commodes & plus ornées, substituées aux anciennes, attestoient l'aisance des habitans des dernières classes de la société. Depuis un demi-siècle de nouvelles routes avoient été ouvertes dans toutes les provinces, & la population s'accroissoit d'années en années. La liberté peut-elle avoir de plus salutaires influences ? & l'Etat, que je viens de décrire, peut-il être l'effet du despotisme, dévastateur par essence ? La nécessité de transmettre aux Agens du Gouvernement un grand pouvoir, dont ils peuvent abuser, est un des traits caractéristiques du despotisme. Le Sultan confie au Pacha l'autorité illimitée, dont il peut accabler les peuples, & de proche en proche tous ceux qui dépendent de ce principal officier, sont investis d'un pouvoir dont ils abusent. En France aucun préposé du Gouvernement dans les provinces, ne pouvoit étendre son autorité, & en faire un usage oppressif. La clameur publique, les représentations des Parlemens, les réclamations des villes auroient bientôt dénoncé des actes d'autorité arbitraire, &

une prompte disgrace en auroit été la juste punition.

Dans les Etats despotiques, les esprits sont abbattus, & la langue est captive. L'indiscrétion des discours sembloit être en France un trait caractéristique de la Nation; les Princes, les Ministres étoient l'objet de la satyre; & le François exhaloit, dans de piquans vaudevilles, son humeur contre les Grands, & versoit le ridicule sur les opérations du Gouvernement.

La division des pouvoirs s'opposoit en France aux abus de l'autorité; les Parlemens contenoient dans ses bornes la puissance militaire; les Intendans surveilloient attentivement l'emploi de la puissance judiciaire, & s'opposoient à ses entreprises sur l'autorité de l'administration. C'est peu-à-peu, c'est après avoir, dans les temps de trouble, réuni souvent tous les pouvoirs dans les mêmes mains que s'étoit formée cette division de pouvoirs & d'influence, d'où résultoit un heureux équilibre. La haute Noblesse ayant été peu-à-peu soumise, ses privilèges se sont perdus dans l'Océan de la Royauté, & il ne lui est resté que celui d'approcher de la personne du Roi. Cette grande & antique lutte de la Noblesse a été terminée violemment par Richelieu. Son nom est devenu odieux au Peuple, & cependant c'est à lui qu'il doit d'être délivré d'une foule de tyrans. Les Parlemens alors ont été le seul contrepoids de l'autorité adoucie de jour en jour par l'abſence de toute contrariété. Un règne célèbre a donné enſuite le plus grand luſtre à la Majeſté royale & à la France, confondues dans la perſonne du Monarque. Sous Louis XIV, les mœurs de la Nation ſemblent n'être que celles du Prince; l'amour de la gloire, la galanterie, la magnificence, le goût des ſpectacles, la création en quelque ſorte du Commerce, celle de la Marine, les plus grands élans de l'induſtrie ſignalèrent ce règne. Alors la ſcience du Gouvernement étoit un myſtère dévoilé ſeulement aux initiés; le Roi étoit une idole encenſée de tous. Les requêtes des victimes de l'autorité n'étoient remplies que du regret d'avoir déplu au Souverain, qu'on s'efforcoit de peindre comme plus ſenſible que la captivité même. Le Monarque repréſentoit la Nation, & elle ne pouvoit être plus dignement repréſentée. Dans ce temps & ſous le règne de Louis XV, il n'étoit queſtion ni du Peuple, ni de la Nation. On diſoit les *revenus* du Roi, les *troupes* du Roi, les *ſujets* du Roi, la *gloire* du Roi; & le Monarque diſoit : mes *villes*, mes *provinces*, mes *peuples*. Mais au milieu de cette ſoumiſſion générale, il exiſtoit dans les ames un ſentiment d'honneur, qui tenoit lieu de vertus à la plupart. L'enthouſiaſme pour la perſonne du Roi animoit la Nobleſſe & les troupes, & entretenoit dans les cœurs un dévouement héroïque pour la chose publique, qu'on ne séparoit jamais de la personne du Monarque. L'esprit, il est vrai, avoit sous ce règne moins de hardiesse dans ses élans ; il n'osoit tenter de pénétrer dans les inaccessibles profondeurs de la métaphysique, & remonter aux premiers principes du Gouvernement. Mais l'éloquence, la poésie, les arts servoient d'aliment à l'esprit, & rendront à jamais cette époque éclatante.

J'ajouterai à ce que je viens de dire à ce sujet, que J.-J. Rousseau, qu'on ne soupçonnera pas d'être fauteur du despotisme, ou un vil flatteur, s'exprime d'une manière conforme à mon sentiment, dans le discours sur l'inégalité des conditions. Ce systême odieux, dit-il, en parlant de la tyrannie, est bien éloigné d'être, même aujourd'hui, celui des bons & sages Monarques, & sur-tout des Rois de France, comme on peut le voir en différens endroits de leurs édits, & en particulier dans le passage suivant, d'un écrit célèbre, publié en 1667, au nom & par les ordres de Louis XIV.

« Qu'on ne dise donc point que le Souverain » ne soit pas sujet aux Lois de son Etat, puisque » la proposition contraire est une vérité du droit » des gens, que la flatterie a quelquefois atta- » quée, mais que les bons Princes ont toujours » défendue comme une divinité tutélaire de leurs

» Etats. Combien eſt-il plus légitime de dire avec
» le ſage Platon, que la parfaite félicité d'un
» Royaume, eſt qu'un Prince ſoit obéi de ſes
» Sujets, que le Prince obéiſſe à la Loi, & que
» la Loi ſoit toujours dirigée au bien public ».

Dans quel temps Louis XIV tenoit-il ce langage digne des Marc-Aurèle & des Antonin? C'étoit dans la plus brillante époque de ſon règne; dans un temps où les hommages des courtiſans enivrés de ſa perſonne, & les beaux eſprits, comblés de ſes bienfaits, faiſoient retentir l'Europe de ſes éloges; où ce Monarque, environné des plus célèbres Généraux, ſervi par des Miniſtres habiles & deſpotes par principes & par intérêt, ne voyoit rien qui pût *balancer ſa puiſſance.*

DES MŒURS DE LA COUR, SOUS LOUIS XV ET LOUIS XVI.

Les mœurs de la Cour, après la Régence, se ressentirent long-temps de la licence, dont le Duc d'Orléans & la Duchesse de Berri avoient donné l'exemple. Le palais de la Reine la plus vertueuse étoit composé de femmes également célèbres par leur beauté, leur esprit, & une galanterie portée par plusieurs jusqu'au déréglement. Le Roi jeune & d'une figure aussi belle que majestueuse, étoit peut-être le seul homme de sa Cour, qui fût sans intrigue amoureuse, & pendant vingt ans il n'eut d'attachement que pour la Reine. Les mœurs semblèrent s'épurer à mesure que la génération, qui avoit vécu sous la Régence, vint à s'éteindre ; & lorsque le Roi eut des maîtresses, lorsqu'il se livra aux plaisirs de l'amour, les femmes de la Cour étoient plus réservées, & les mœurs, au moins en apparence, plus décentes. La Reine étoit dévote ; le Dauphin & la Dauphine avoient les mêmes sentimens de piété, fortifiés de l'esprit de parti. Madame de Pompadour, quelques années avant sa mort, ne scandalisoit plus que par sa présence à la Cour. On savoit que le Roi se livroit en secret à des goûts obſcurs & paſſagers, & qu'elle étoit plus ſon amie que ſa maîtreſſe. Madame de Pompadour, afin de ne laiſſer aucun doute à cet égard, & d'avoir un titre pour demeurer à la Cour, propoſa au Roi de lui donner une place de Dame du Palais. C'étoit dans le fait ajouter l'impudence au ſcandale, que de forcer la Reine à recevoir pour Dame de ſon Palais, une femme qui n'étoit venue à la Cour que pour lui enlever ouvertement le cœur du Roi, une bourgeoiſe, dont le mari occupoit à Paris une place de finance. La Reine n'oſa pas refuſer le Roi; & Madame de Pompadour, Dame du Palais, ſe crut une femme de la Cour, reſpectable par ſa conduite, & utile au Roi par ſes conſeils. Après la mort de Madame de Pompadour, après celle de la Reine, du Dauphin, de la Dauphine, le Roi éleva une courtiſanne au rang des la Valière & des Monteſpan. Le nouveau Dauphin & ſa femme, Marie-Antoinette d'Autriche, étoient trop jeunes pour ſervir de contrepoids à la licence, qui caractériſa le règne de la Comteſſe Dubarry, & la Cour de Louis XV, auroit alors préſenté l'image de celle du Régent, ſi l'eſprit & la gaieté euſſent été joints au déréglement. Louis XV mourut, & la face de la Cour, ſous Louis XVI, changea. Le nouveau Roi annonçoit des mœurs auſtères, la haine de la dépenſe, & les dispositions les plus favorables pour le Peuple. Ce caractère, sa jeunesse, & la lassitude du règne précédent, excitèrent l'enthousiasme des Peuples pour le Roi; & les grâces de la Reine, l'élégance répandue sur toute sa personne, inspirèrent pour elle les mêmes sentimens. Des plaisirs bruyans signalèrent les premières années de son règne; ensuite elle parut préférer les douceurs de la vie privée à l'éclat de la représentation, & chercher dans l'amitié, des sentimens plus vrais, que ceux que les courtisans s'efforcent d'exprimer par leurs empressemens. Le goût d'une vie privée apporta du changement dans la vie habituelle de la Cour, & la représentation souveraine ne se montra plus dans son éclat qu'un ou deux jours de la semaine.

La Cour du Roi, de la Reine, & celle des Princes, offroient l'image de Sociétés particulières; ils se réunissoient souvent pour vivre en famille. Les Princes n'avoient aucune participation aux affaires, ils n'entroient point au Conseil; ils n'ont contribué directement au choix d'aucun Ministre, déterminé aucune opération. On doit aussi rendre cet hommage à la vérité, qu'ils n'ont jamais usé de l'ascendant de leur rang & de leurs accès auprès du Trône contre personne; qu'on ne peut leur imputer aucun acte tyrannique, ni d'avoir prêté leur appui à l'injustice. Les revenus, qui leur étoient

étoient fixés par l'Etat, étoient considérables, mais une représentation presque royale les absorboit. Cette magnificence onéreuse à l'Etat fut établie par les Ministres de Louis XV, qui suivirent d'antiques usages, que le temps ne comportoit plus, & que l'intérêt personnel engagea à multiplier les charges, dont une partie fut vendue à leur profit. Les Princes contractèrent des dettes; & l'homme équitable conviendra qu'il étoit difficile dans un rang, où tout sembloit permis, dans un âge où tous les goûts, toutes les passions assiégent l'ame & l'esprit, de consulter toujours la plus sévère économie.

Le Parlement d'Angleterre a payé plusieurs fois les dettes des Princes de Galles. Les Polonois ont acquitté celles de leur Roi qui n'est qu'électif; & les frères du Roi de France ont pu se flatter du même espoir. Enfin ces dettes, réunies à toutes les dépenses extraordinaires de la Cour, formoient un bien foible objet dans un ensemble de près de cinq milliards de dettes. La Cour sous Louis XVI n'avoit plus le même ascendant sur la ville, autrefois aveugle imitatrice du ton & des manières de la Cour. Les Ministres, au lieu d'en imposer à la capitale, avoient la plus grande déférence pour les opinions qui régnoient dans les sociétés dominantes, arbitres suprêmes des réputations; & les Gens-de-lettres avoient sur ces sociétés un ascendant marqué pour la plupart des objets relatifs au Gouvernement. L'indifférence & la légèreté du Comte de Maurepas avoient laiſſé un libre cours à tous les ſyſtêmes & aux écrits. Ce Miniſtre n'avoit jamais eu de ſuite ni de fermeté dans le caractère; & l'âge qui renforce les défauts, comme il creuſe les rides ſur la peau, l'avoit rendu encore plus foible & plus mobile. Il n'étoit plus temps après ſa mort de revenir ſur ſes pas, & les Miniſtres ne pouvoient circonſcrire dans de juſtes limites les idées de liberté, auxquelles il avoit laiſſé prendre l'eſſor. Il auroit fallu à un Miniſtre le génie, qui fait juger ſon ſiècle & démêler ſa marche; il auroit fallu une force de caractère propre à lutter contre des idées dominantes, & un pouvoir, dont le ſeul Cardinal de Brienne fut ſi mal à propos inveſti. Le Roi étoit, par ſes ſentimens, porté vers l'économie, & n'avoit aucun des goûts qui s'y oppoſent. La Reine influoit ſur les grâces, & non ſur le Gouvernement. Les Miniſtres n'avoient point de ſyſtême fixe. L'ignorance & l'inapplication multiplioient les dépenſes par les mauvaiſes opérations dans la partie des finances, & les frais exceſſifs du ſervice. Le Gouvernement n'étoit point libéral, & la Cour n'étoit pas impoſante, comme celle de Louis XIV, où tous les perſonnages étoient perpétuellement en ſcène; ce n'étoit point celle de Louis XV, où la Majeſté royale croyoit pouvoir abſorber dans ſon éclat le vice & le ſcandale. La

Cour de Louis XVI préfentoit, pendant fix jours de la femaine, l'image d'une famille réunie par l'affection, ou d'une fociété privée. Elle devenoit un jour ou deux plus nombreufe & plus impofante ; mais il étoit facile de voir que la repréfentation étoit une tâche pénible, qu'on s'empreffoit d'abréger. Il faut, pour achever ce tableau, y joindre la peinture des mœurs des courtifans ; ils reffemblent, dans toutes les Cours, au portrait qu'en a tracé Montefquieu.

« L'ambition dans l'oifiveté, la baffeffe dans l'or-» gueil, le defir de s'enrichir fans travail, l'averfion » pour la vérité, le mépris des devoirs du Citoyen, » la crainte de la vertu du Prince, l'efpérance de fes » foibleffes, forment, dit ce grand-homme, le ca-» ractère du plus grand nombre de courtifans ». Ceux de Louis XVI offrent quelques nuances diftinctives. Le cours des opinions, l'afcendant des richeffes & la diminution de l'éclat de la repréfentation, rendoient moins précieux & moins impofant l'accès auprès du Prince. Les courtifans étoient moins flatteurs, fans être plus vertueux ; on confidéroit moins dans les places, les diftinctions honorifiques que les avantages pécuniaires. L'ancien fafte extérieur, qui caractérifoit les Grands, n'exiftoit plus. Les perfonnes les plus opulentes avoient des habits fimples & peu coûteux. La plupart de ceux, que leur naiffance appeloit à la Cour, fe bornoient à s'y montrer une fois la ſemaine, pendant quelques heures, & s'empreſſoient de retourner à la ville, où ils briguoient les ſuffrages des Sociétés, qui donnoient le ton. La multiplication des richeſſes a été extrême ſous ce règne; & leur force toute puiſſante a rompu toutes les barrières, éteint l'éclat des diſtinctions. La Cour étoit économe par beſoin; & quand elle eût été prodigue, elle n'auroit pu ſatisfaire à l'avidité, excitée par des fortunes rapides & exceſſives de la ville. Il auroit fallu, dans ceux qui gouvernoient, beaucoup de ſagacité pour démêler le changement des mœurs & ſa cauſe, & beaucoup d'art pour renforcer le prix des diſtinctions honorifiques. Le faſte extérieur, qui ſervoit à différencier les claſſes, ſupprimé, que reſtoit-il pour faire eſtimer un emploi, un rang, une décoration, à l'égal des jouiſſances de la richeſſe? Dans les temps où chacun étoit attentif à conſerver les diſtinctions de ſon état, la richeſſe n'avoit pas autant d'empire; elle ne pouvoit uſurper certains attributs: les Grands avoient des pages, des gentils-hommes, des livrées éclatantes, & chaque condition avoit quelque choſe de diſtinctif, envié des conditions inférieures. Quand toutes les conditions ont été extérieurement au même niveau, quand la Cour a ceſſé de maintenir la hiérarchie, & qu'elle a renoncé elle-même à l'éclat extérieur, elle a ceſſé d'avoir des moyens de dominer. Quand elle n'a plus influé ſur la vanité, pour laquelle il eſt des hochets ſans nombre, il a fallu tout tirer du Tréſor royal, & les fonds d'un tréſor ne ſont pas inépuiſables. Il n'y avoit plus à la Cour autant de politeſſe dans les manières & les diſcours, depuis la fin du règne de Louis XV, ſans qu'il y eût plus de franchiſe dans les ames; cette galanterie, qui naît d'une perpétuelle envie de plaire, n'exiſtoit plus. Les femmes avoient des arrangemens qui, par leur durée & le calme de la poſſeſſion, étoient équivalens à des mariages, mais les aventures ſcandaleuſes étoient rares. Les Juvénals du temps n'auroient pas trouvé dans la Cour de Louis XVI autant de matière à leurs énergiques déclamations, que dans les règnes précédens.

DU ROI ET DE LA REINE.

QUELQU'UN a dit, ce qui me dégoute de lire l'hiſtoire, c'eſt de ſonger, que ce que j'entends dire aujourd'hui, ſera un jour l'hiſtoire. Cette réflexion ſe préſente à toute perſonne que ſa poſition & ſes relations ont miſe à portée de voir de près les Princes & les gens en place, & de connoître les principes & la marche des évènemens, à tous ceux qu'un eſprit juſte & modéré a préſervés d'une aveugle prévention.

Qui peut aſſurer, que la poſtérité n'adoptera pas une partie des atroces imputations faites à la Reine, & conſignées dans mille affreux libelles. J'ai parcouru l'Europe, & les étrangers qui ſont une eſpèce de poſtérité, ne peuvent renoncer entièrement à l'idée que la Reine a été en relation avec Madame la Motte, avec une femme ſans éducation, ſans aucun moyen d'intéreſſer, & dont le langage & les manières étoient conformes à la baſſeſſe & à la misère, compagnes de ſes premières années; avec Madame la Motte, à qui l'amour ſeul du merveilleux, aidé de quelques circonſtances ſpécieuſes, a fait attribuer une royale origine, dont l'authenticité lui auroit attiré d'autres bienfaits, que celui d'une chétive penſion de *huit cents* livres. Les étrangers ne peuvent croire que la Reine n'ait pas eu recours au Cardinal de Rohan pour l'acquiſition du trop fameux Collier. C'eſt en vain que la raiſon s'empreſſe de leur dire, que la fable, qu'on a inventée, eſt abſurde; qu'on n'achète pas une parure éclatante pour l'enſevelir dans une caſſette, & que la Reine prévenue contre le Cardinal, à qui elle ne parloit pas depuis pluſieurs années, ne ſe ſeroit pas adreſſée, pour ſe procurer des fonds, à ce Prélat, dont le dérangement étoit connu; qu'en lui ſuppoſant le deſir de faire cette acquiſition, un mot de ſa part au Banquier de la Cour, ou à d'autres financiers opulens, auroit dans quelques heures mis le Collier entre ſes mains; qu'un moyen ſi ſimple & ſi prompt étoit certainement préférable à celui de recourir à un homme qu'elle haïſſoit, à un moyen enfin, qui multiplioit les intrigues & les négociations, & néceſſitoit l'entremiſe de la plus vile aventurière. C'eſt un problême de ſavoir ſi la calomnie trouve plus d'appui dans la malignité naturelle à l'homme, que dans ſon amour pour les choſes extraordinaires, qui lui fait rejeter tout ce qui eſt ſimple & naturel. Mais quand l'eſprit de parti & le fanatiſme règnent dans un pays, il faut renoncer à connoître la vérité; & le parti qui l'emporte, forme à l'avance le jugement de la poſtérité.

Rouſſeau a dit, que la liberté d'un pays ſeroit

achetée à trop haut prix, si elle *coûtoit la vie à un seul homme.* Louis XVI paroît avoir eu pour maxime, dans les orages de la Révolution, que la conservation de sa puissance seroit trop payée par la mort d'un de ses sujets. Louis XVI étoit sans goût pour les plaisirs d'éclat, sans faste personnel, sans desir d'étendre sa puissance, sans amour de cette gloire, si souvent fatale aux Peuples, & dont l'éclat, semblable à celui du feu des incendies, n'éclaire que des ruines. Il n'avoit aucun penchant à la dépense, & étoit plutôt porté vers une sévère économie; enfin pendant un règne de dix-neuf ans, il n'a eu ni favoris ni maîtresses. A son avènement au Trône il remit le tribut, connu sous le nom de joyeux avènement, & s'empressa bientôt après d'abolir la question. Il affranchit la subsistance des Peuples, des droits qui la renchérissoient; il supprima le droit d'aubaine & les corvées; il consulta la voix publique pour le choix de la plupart de ses Ministres; & tous ses discours, ses propos familiers, annonçoient son amour pour le Peuple. La Reine, jeune, belle, entourée de toutes les séductions, placée sur le Trône le plus brillant de l'univers, à la fleur de l'âge & de la beauté, n'a jamais aimé les fêtes & la représentation, & a promptement manifesté le goût d'une vie retirée, & d'une société intime, qui a peut-être été un des principes de ses infortunes. Elle a pu oublier quelquefois que, dans une ſuprême élévation, on fixe tous les regards; elle a pu ignorer long-temps que la malignité publique transforme en crime la légèreté & l'imprudence. Eloignée par goût de ſe mêler des affaires du Gouvernement, occupée des plaiſirs de ſon âge, livrée aux charmes d'une ſociété intime, la Reine, juſqu'au miniſtère du Prince de Montbarrey, n'a pris aucune part au choix ou au renvoi des Miniſtres. Le Comte de Maurepas avoit élevé au miniſtère le Prince de Montbarrey, & le public ne fut ſatisfait ni du choix de ce Miniſtre, ni de ſa conduite dans cette place. Des perſonnes, qui avoient à ſe plaindre de lui, profitèrent du mécontentement général pour engager la Reine à obtenir du Roi le renvoi de ce Miniſtre; & ce fut auſſi à ſa demande, que le Maréchal de Ségur lui fut donné pour ſucceſſeur. Lorſque M. Necker quitta le Miniſtère, en 1781, la Reine, entraînée par le ſentiment général, crut que la diſgrace de ce Miniſtre étoit une calamité pour l'Etat; elle paſſa un jour entier dans ſa chambre, avec quelques perſonnes de ſa ſociété, & ſes larmes manifeſtèrent la part qu'elle prenoit au regret public.

Beaucoup de gens croient que la Reine a contribué au déſordre des Finances par ſes dépenſes perſonnelles, ſes profuſions envers ſa favorite, & par les ſecours en argent qu'elle a fait paſſer à l'Empereur.

Je vais examiner si ces imputations sont fondées.

La Reine a fait élever quelques bâtimens à Trianon, elle y a fait des jardins ; enfin elle a acheté & embelli saint Cloud. Il eût mieux valu certainement, & il eût été surprenant que Marie Antoinette, née dans la pourpre impériale, élevée par sa mère, la plus libérale des Souveraines, toute puissante sur l'esprit & le cœur de son époux, n'eût pas plus dépensé que Marie Leczinski, instruite à l'école de l'adversité, sortie de l'humble habitation de Weissembourg, & soumise à la sévère économie du Cardinal de Fleury. Il eût été à préférer, que toujours applaudie, toujours excitée, elle eût maitrisé ses goûts qu'on cherchoit à deviner pour les satisfaire ; qu'elle eût triomphé de la vivacité de son âge, préservé son imagination de l'ivresse de l'encens prodigué à la double puissance du rang suprême & de la beauté. Mais les dépenses dont je viens de parler, ont-elles été excessives ? ont-elles absorbé une partie des trésors de l'Etat ? Saint Cloud étoit une acquisition ; il avoit une valeur pour le propriétaire, qu'il faut distraire du fond dépensé en pure perte pour les embellissemens. En supposant que Trianon & saint Cloud ayent coûté *huit millions ou dix* même, pour porter au plus haut ces articles, je demande, si une telle somme, dépensée dans un règne de dix-huit années, a pu contribuer au désordre des finances, a pu exciter l'animosité des peuples (1)?

La Reine a témoigné une affection particulière à une femme appelée à la Cour par sa naissance, dont la fortune étoit plus que médiocre; elle a désiré que cette femme rassemblât chez elle la société qui lui étoit agréable, qu'elle tînt pour elle une maison; & il a fallu assigner un fonds annuel pour la dépense qu'entrainoit cet établissement. Ce fonds, & la dépense qui est résultée de l'adjonction du mari de la favorite, à la place de premier écuyer de la Reine, & des nouveaux arrangemens pris pour la surintendance des Postes, peuvent être évalués à trois cent mille francs; mais la dépense entière n'a pas eu lieu dès les premiers temps de l'établissement de la favorite à la Cour : on peut

(1) Il faut observer que dans le moment où la Reine s'occupa d'acheter Saint-Cloud, la vente du Château-trompette fut résolue; & le produit de cette vente surpassoit celle de l'achat de Saint-Cloud. La Reine fut fondée à croire qu'au moyen de cette ressource extraordinaire, l'acquisition de Saint-Cloud ne seroit point onéreuse à l'Etat; enfin, en déduisant la valeur réelle de ce Château & de ce domaine des dépenses d'embélissemens, les treize millions, dépensés par la Reine, se trouveroient réduits de quatre ou cinq millions, puisque le fonds subsiste.

donc ne porter qu'à deux cent cinquante mille livres par an ces diverses dépenses, qui, dans l'espace de douze ans environ, se trouvent former un total de *trois millions*. Les revenus de la charge de Gouvernante des Enfans de France, se sont joints à ces bienfaits, pour faire à la favorite un sort éclatant; mais il ne doit pas en être fait mention, parce qu'ils ne forment point une dépense extraordinaire, & que le nom de celle qui occupe une charge, est indifférent à la finance. En réunissant tous ces objets, la Reine de France a dépensé environ treize millions en dix-neuf années de regne.

Je ne parlerai point ici des qualités & du caractère de la favorite de la Reine; ces détails n'appartiennent à l'histoire, que lorsqu'elle a paru sur le grand théâtre des affaires publiques, comme la Maréchale d'Ancre, qui gouvernoit la Reine & l'Etat, & dont le mari jouoit aussi un rôle considérable. En considérant le pouvoir de Marie-Antoinette, on trouvera cette Princesse réservée & économe; si l'on compare les dons qu'elle a faits à une femme qu'elle aimoit, avec les profusions de Henri III pour d'Epernon, Joyeuse & Bellegarde, avec celles de Marie de Médicis pour le Maréchal d'Ancre, avec les prodigieuses libéralités de Louis XIV envers Madame de Montespan & ses enfans, envers Madame de Fontanges, qui avoit un traitement de *trois cent mille francs* de notre monnoie *par mois*. La haine que l'on porte aux favoris, quel que ſoit leur caractère, cette haine qui n'eſt, comme l'a dit la Rochefoucault, *que l'amour de la faveur*, a rejailli ſur la Reine.

Il reſte à examiner, ſi la Reine a fait paſſer des tréſors à l'Empereur. Ceux qui ont la plus légère idée des formes de la comptabilité, auront de la peine à concevoir comment l'envoi en eût pu être ſecret. Les formes étoient telles en France, que l'entrée & la ſortie des fonds ne pouvoient échapper à un nombre aſſez conſidérable de ſurveillans; aucune dépenſe n'étoit maſquée, & les chapitres de recette & dépenſe étoient en dernier réſultat, remis à la Chambre des Comptes, & vérifiés par pluſieurs prépoſés, intéreſſés, pour leur propre ſûreté, à l'obſervance exacte des formes. Il réſulte de cet ordre de choſes, que ſi quinze ou vingt millions avoient été envoyés à l'Empereur, trente perſonnes en auroient été inſtruites de proche en proche, & auroient pu indiquer avec certitude l'époque de l'envoi des fonds, & le moyen dont on s'étoit ſervi pour l'opérer. Tous les regiſtres, toutes les pièces de comptabilité ont été remis à l'Aſſemblée conſtituante & ſévèrement examinées, & perſonne n'a pu citer un article de dépenſe dont l'objet fût inconnu. La prévention, la haine préſidoient à cet examen, & il doit paſſer pour démontré que la Reine eſt innocente d'un fait, auquel la plus acharnée malveillance n'a pu trouver le plus léger fondement.

Ceux qui liront un jour ces détails de ſang froid, étonnés de l'acharnement du public contre l'infortunée Marie-Antoinette, chercheroient en vain dans ſes manières, ſes diſcours, ou ſon caractère des principes à cette haine aveugle. Je me ſuis imposé la loi de ne point faire d'éloges; je me bornerai donc aux faits, & je dirai qu'il n'eſt perſonne en France, dont la Reine ait bleſſé l'amour-propre par ſes diſcours : que jamais elle n'a provoqué la rigueur de l'autorité, ni protégé une injuſtice. Loin d'avoir choqué les ſentimens publics, entraînée par l'envie de plaire, elle a trop déféré à des opinions qu'elle a cru générales. Enfin elle a été plus occupée de ſuivre les goûts de ce public, qui l'a déchirée, précipitée du trône & barbarement immolée, que de lui faire adopter les ſiens. Cette condeſcendance lui a été fatale, en diminuant, il faut en convenir, l'aſcendant du rang ſuprême.

Le penchant qu'elle parut avoir à favoriſer les prétentions de rang de l'Archiduc Maximilien ſon frère, pendant ſon ſéjour en France, commença d'aliéner contre elle le public; il ſuppoſa enſuite que l'Empereur avoit des vues dans ſon voyage,

& qu'il vouloit mettre à profit, pour ses ambitieux projets, le crédit tout puissant de sa sœur sur le Roi. L'amitié que la Reine témoigna à son frère, fit croire que l'intérêt de sa famille & de son pays prévaloit dans son cœur sur celui de la France. Ainsi cette fatalité, qui destinoit à Marie-Antoinette un sort affreux, dont l'histoire n'offre point d'exemple, commençoit à empoisonner toutes ses actions, & on lui faisoit un crime des plus innocentes affections de la nature.

DU CLERGÉ.

Le Clergé possédoit en France d'immenses revenus, qui peuvent être évalués à cent-quarante millions. Les revenus de plusieurs Archevêchés & Evêchés étoient considérables, quelques-uns étoient immenses; celui de Paris étoit de plus de six cent mille livres. Mais on doit, à la vérité, de dire, que depuis plus d'un siècle, les Archevêques de cette capitale avoient la conduite la plus exemplaire, & distribuoient aux pauvres les trois quarts de leur revenu. Les Evêques étoient, en général, instruits; plusieurs ont été, à différentes époques, distingués par des talens éminens, & ils n'avoient point cet esprit de corps qui assujettit servilement aux anciens usages & repousse les lumières. Enfin le Clergé de France étoit peut-être celui de l'Europe, qui avoit les moeurs les plus décentes. Un assez grand nombre, parmi les Prélats, faisoit d'abondantes aumônes, & se distinguoit par sa piété & par la pureté de ses moeurs. Mais on ne doit pas dissimuler que l'ambition, les plaisirs de la société, & l'ennui de la représentation, attiroient un grand nombre d'Evêques dans la capitale; & c'étoit un tort du Gouvernement de tolérer leur absence de leur diocèse. Elle avoit, dans le rapport religieux, l'inconvénient l'inconvénient de priver la province de l'exemple qu'ils étoient faits pour donner, & d'une surveillance attentive sur le Clergé inférieur. Dans le rapport politique, le séjour des Evêques dans la capitale produisoit un grand mal, celui d'enlever aux provinces les bénéfices que la culture & l'industrie auroient retirés de la consommation de revenus considérables dans le pays. Le Clergé régulier jouissoit de domaines immenses; & dans un siècle où la capitale attiroit dans son sein tous les riches propriétaires, privoit les provinces de la séve vivifiante d'un numéraire considérable, la possession de grands biens, par les réguliers, avoit des effets salutaires pour le Peuple. Les réguliers consommoient leurs revenus sur les lieux; ils animoient l'industrie par les grands travaux qu'ils entreprenoient, & secouroient l'indigence.

Les Curés en France formoient une des classes les plus respectables de la société. Le docteur Burnet, à son retour à Londres, disoit : *je ne connois point d'hommes qui fassent plus d'honneur à l'humanité que les Curés de Paris.* Le revenu de la plupart étoit insuffisant; & le zèle, les mœurs & la piété distinguoient cet ordre de Citoyens, digne d'un sort plus heureux.

Le Clergé n'étoit assujetti qu'à une partie des charges de l'Etat; il jouissoit des mêmes exemptions que la Noblesse pour la taille; & les dons gratuits qu'il payoit à certaines époques, tenoient lieu à l'Etat des vingtièmes & de la capitation, dont il étoit affranchi. Le Clergé jouissoit de la prérogative de s'imposer lui-même, d'acquitter ses tributs par des dons gratuits; il empruntoit pour rassembler la somme qu'il offroit au Roi; & sa dette augmentant sans cesse, il étoit menacé d'une banqueroute inévitable. En réunissant les intérêts payés par le Clergé de France, les dons gratuits & les contributions acquittées par le Clergé étranger, la somme totale s'élève à onze millions.

Il faut examiner combien le Clergé auroit payé, s'il eût été assujetti aux charges acquittées par les autres contribuables.

Les revenus du Clergé étant supposés de *cent quarante millions*, le dixième est *quatorze*; & en y joignant une somme de trois millions pour la capitation du Clergé de France, d'après la proportion dans laquelle sont imposées les autres classes, le total monte à *dix-sept millions*. Il s'en faut donc de six millions que le Clergé ne contribuât aux charges de l'Etat, dans la proportion de ses facultés. D'après ces calculs, il étoit redevable à l'Etat, depuis deux siècles, de sommes considérables; & le Roi, dans la détresse où il s'est trouvé, étoit fondé à en exiger des secours proportionnés. Le revenu des Curés, qui étoit de quarante-cinq millions, étoit seul à excepter des charges nouvelles que le Clergé auroit dû acquitter pour subvenir aux besoins de l'Etat ; & cette exception faite, il restoit un produit annuel de *quatre-vingt quinze millions*, réparti dans un petit nombre d'hommes, dont plusieurs jouissoient de revenus immenses. Lorsque ce malheureux *deficit*, dont l'Europe a retenti, excitoit la sollicitude du Gouvernement, le Roi n'eût-il pas été fondé à demander au Clergé opulent *deux cents millions*, & une contribution annuelle de *dix millions ?* C'étoit, en y comprenant l'intérêt des deux cents millions, *vingt millions* à déduire de quatre-vingt-quinze, c'est-à-dire, un peu plus du cinquième. Un Archevêque, qui avoit cent mille livres de revenu, en auroit conservé à-peu-près quatre-vingt. Les autres bénéficiers auroient été taxés en proportion, & l'Etat étoit sauvé. Mais la force manquoit au Gouvernement pour une si juste & si salutaire opération ; & le Ministre, qui l'auroit proposée un an avant l'assemblée des Etats-Généraux, auroit passé pour un insensé. Il faut pour toutes les opérations, que les esprits soient mûrs ; ils ne l'étoient pas complettement en France à cet égard ; & le Monarque n'avoit pas cette force de caractère qui hâte, par une secousse vive, la marche des idées.

DE LA NOBLESSE ET DE SES PRIVILÈGES.

La haute Nobleſſe jouiſſoit en France d'une grande conſidération & d'une ſupériorité marquée ſur les autres claſſes ; mais le goût de la ſociété & du plaiſir, & le caractère mobile de la Nation, ne permettoient pas qu'il y eût, comme dans d'autres pays, des limites fixes & ſéparatives entre les divers états. On diſtinguoit l'ancienne Nobleſſe, qui ſe perdoit dans la nuit des temps, d'avec celle dont l'origine étoit connue & plus ou moins récente ; & les anciens Nobles étoient ſeuls admis de droit à la Cour, ainſi que leurs femmes. La Pairie étoit la première dignité, & elle procuroit à la Cour des honneurs refuſés aux plus grandes maiſons. Il y avoit deux ſortes de Ducs ; les uns étoient Pairs & ſiégeoient au Parlement ; les autres n'avoient que le titre de Duc & jouiſſoient, ſeulement à la Cour, des honneurs qui étoient affectés à cette dignité. On n'exigeoit aucune preuve pour être admis parmi les Pairs, & dans un eſpace de cent cinquante ans, on compte *quinze* familles d'annoblis, & par conſéquent tirant leur origine du

Tiers-Etat, qui ont été honorées de la Pairie. Le premier Ordre de la Cour, celui du Saint-Esprit, n'exigeoit que cent années de Nobleſſe; & l'on compteroit plus de deux cents Chevaliers de cet Ordre, depuis ſon inſtitution, dont les auteurs avoient été annoblis. La haute Nobleſſe obtenoit de préférence des Régimens, des Evêchés & des Abbayes conſidérables; mais des familles annoblies depuis un ſiècle & moins, jouiſſoient des mêmes avantages. Le reſpect pour certaines races, & par conſéquent pour la Nobleſſe, eſt un des préjugés le plus univerſellement répandu; il exiſte parmi les nations les plus ſauvages. Et ſi l'on conſidère que la Nobleſſe n'eſt autre choſe qu'une tradition, que le ſouvenir des ſervices & des talens, on conviendra que c'eſt avec raiſon qu'elle jouit d'une conſidération particulière. En ſuppoſant l'anéantiſſement des Nobles & un autre ordre de choſes établi dans un pays, on y ſera également porté par les ſuites à des égards marqués envers des hommes, dont les noms, conſacrés dans l'hiſtoire, rapelleront des vertus, des talens, ou des actions éclatantes. Il y aura donc toujours des Nobles; & il ſera impoſſible que le Peuple, habitué à reſpecter certains noms, n'ait pas de la déférence pour ceux qui les portent. La plus illuſtre Nobleſſe ne jouiſſoit en France que de la conſidération attachée aux noms antiques & célèbres, & la Pairie ſeule procuroit à la Cour des distinctions honorifiques. Plusieurs familles, sorties plus ou moins anciennement du Tiers-Ordre, ont été élevées à cette dignité. L'éclat de la Pairie ne faisoit pas entièrement disparoître le désavantage [d'une origine récente. La maison de Lorraine témoigna son mécontentement d'une alliance contractée avec la famille des Villeroy. Mais n'étoit-ce pas beaucoup pour les descendans d'un Secrétaire des Finances, sous François I, de s'allier avec une maison souveraine, qui avoit balancé l'autorité des Rois, & qui avoit été au moment d'être élevée sur le Trône? Un Duc de Villeroy, dans ce siècle, fut refusé pour la présidence de la Noblesse de Bretagne, dont la Baronnie de Retz le rendoit susceptible; & j'ai vu les Capitaines des Gardes concerter des représentations au Roi, pour écarter de cette place un homme titré, dont la famille avoit été annoblie il y avoit moins de deux siècles. C'est ainsi que les anciens préjugés triomphoient quelquefois de la faveur & de la fortune, & qu'il existoit des contradictions qui étoient le produit nécessaire du Gouvernement, formé peu-à-peu au milieu des orages & du conflit des diverses conditions.

On mettoit une grande différence entre la Noblesse militaire & ancienne, & la Noblesse de Robe, dont l'origine étoit incontestablement connue & récente. Les Parlemens étoient, dans les premiers temps, composés des Barons, des Pairs de France & de la haute Noblesse. Les légistes ou les jurisconsultes, qu'ils appelèrent pour les aider dans l'administration de la Justice, n'étoient point Nobles, & plusieurs descendoient d'affranchis. Ils ont, par la suite des temps, été mis, ainsi que leurs descendans, au rang des Nobles. Mais ces familles n'ont jamais dû jouir de la même considération que celles des membres des anciens Parlemens. On voit, par ce qui vient d'être exposé, que la plus haute Noblesse ne jouissoit dans la réalité que d'illustres souvenirs, qui lui valoient une supériorité purement d'opinion; que les privilèges honorifiques à la Cour étoient uniquement attachés au titre de Duc, & que des familles d'une origine peu illustre & récente, ont souvent été honorées de cette dignité. Les avantages pécuniaires de la Noblesse étoient indistinctement le partage & des plus grands seigneurs & des annoblis. Mais étoient-ils onéreux au Peuple & à l'Etat? Voilà ce qu'il est intéressant d'examiner.

Les Nobles, dans les temps anciens, menoient leurs vassaux à la guerre, contribuoient, de leur personne & de leur fortune, à la défense de l'Etat; il étoit juste qu'ils fussent affranchis de toute autre charge. Les bourgeois, qui n'étoient point assujettis au service militaire, fournissoient des subsides en argent. Lorsque les Rois ont substitué des milices permanentes à l'assemblage confus des troupes féodales, la contribution en argent eſt devenue générale ; & les Nobles, pour qui la guerre ceſſa d'être ruineuſe, & qui furent payés par le Roi, furent ſoumis à la plupart des taxes acquittées par les bourgeois & habitans des campagnes. Dans les derniers temps il ne leur étoit reſté de leur antique ſplendeur & de leur indépendance, que le privilège d'une exemption de taille pour l'exploitation de trois charrues : mais il falloit que le Noble, qui vouloit en jouir, fît valoir par lui-même ſa terre ; le privilège ceſſoit dès qu'elle étoit affermée. Si l'on conſidère, combien peu de Gentils-hommes étoient à portée de profiter de cette exemption, elle paroîtra bien peu conſidérable. Les grands propriétaires & tous les Nobles, qui avoient des emplois à la Cour & à l'Armée, tous ceux qui vivoient dans la capitale, ou exerçoient des charges dans les villes de province, affermoient leurs biens, & une partie de la plus pauvre Nobleſſe jouiſſoit ſeule de cet avantage. Si l'on porte au cinquantième du produit de la taille, c'eſt-à-dire, à *deux millions* environ, le montant de ce privilège de la Nobleſſe, je crois que l'on ſera plutôt au-delà, qu'en-deçà de la vérité. Je ne parle pas des droits féodaux, parce que cette diſcuſſion exigeroit de trop grands détails ; mais j'obſerverai que la plupart avoient pour principe des conceſſions faites anciennement par les Seigneurs.

J'ai tracé l'origine, les prérogatives, les prétentions des Nobles, jadis rivaux des Rois, oppresseurs des Peuples, & depuis trois siècles réduits au rôle de courtisans, & mêlant leur sang avec celui de familles, qu'ils n'auroient pas admises à leur table il y a cent cinquante ans. Frappé moi-même du fidèle tableau que j'ai fait, je me demande, où étoient ces Aristocrates, qu'on représente si puissans, si impérieux, & dévorant la substance des Peuples, après les avoir accablés de mépris ?

DU TIERS-ÉTAT.

CETTE multitude immenſe d'hommes actifs, induſtrieux, qui embraſſe par ſes travaux tous les arts utiles & agréables, le Tiers-Etat étoit-il opprimé, humilié? étoit-il privé des moyens de faire valoir les talens qu'il recevoit de la nature? Le chapitre, qui traite des impôts, fera voir les charges que le Peuple ſupportoit; il ne ſera donc queſtion en ce moment que des moyens que le Tiers avoit de s'avancer, de s'élever par ſes travaux & ſes talens, à des emplois lucratifs ou honorables. En conſidérant l'organiſation de la ſociété en France; on verra que la Nobleſſe n'étoit point comme les caſtes de l'Inde, éternellement diviſées, ſans qu'aucun des individus qui les compoſent, puiſſe paſſer de l'une dans l'autre, & s'y incorporer. Rien ne fut de tout temps plus facile à franchir, que la ligne qui ſéparoit la Nobleſſe d'avec le Tiers-Etat. Il a ſuffi, juſqu'à la fin du ſeizième ſiècle, d'entrer dans le ſervice militaire, ou de poſſéder un Fief Noble, pour être au rang des Gentils-hommes. Une partie de la Nobleſſe Françoiſe n'a d'autre principe que le ſervice d'un de ſes auteurs dans les compagnies d'ordonnances; & la plus illustre Noblesse de l'Europe ; en remontant aux commencemens des divers Etats, n'a d'autre titre également que celui du service militaire ou de la possession des bénéfices & des fiefs. Les lettres d'annoblissement & la possession des charges ont été substituées à ces moyens d'acquérir la Noblesse. Lorsqu'on parle des avantages de la Noblesse, on ne peut se dispenser de les regarder comme étant en grande partie communs au Tiers-Etat, puisque l'origine connue d'une partie de la Noblesse se trouve, dans des temps peu reculés, venir de cet ordre. Si dans un espace de trois cents ans les plus grands emplois de l'Etat ont été accordées à des hommes, dont les pères, ou grand-pères, étoient nés dans la bourgeoisie ; si de degré en degré, de génération en génération, l'homme du Tiers s'élevoit successivement à un rang supérieur à celui de ses pères, il est indispensable de regarder comme du Tiers-Ordre, tous ceux qui en descendent, à quelque élévation qu'ils soient parvenus. Il falloit, à la vérité, que le Tiers-Ordre passât lentement par divers degrés, que les Nobles anciens franchissoient d'un seul pas ; mais il avoit enfin la faculté de s'élever avec le temps aux mêmes emplois. Il n'existoit pas de barrière insurmontable qui lui en fermât l'accès ; & de génération en génération, la vitesse du mouvement étoit pour lui accélérée. Je dois, avant d'aller plus loin, prévenir une objection & me hâter d'y répondre. Tout étoit vénal en France, dira-t-on ; si le Tiers-Etat n'étoit pas exclus par sa naissance de certains emplois, il l'étoit par sa fortune. Il ne falloit pas être d'une origine ancienne pour entrer dans la magistrature, mais on ne pouvoit y être admis sans avoir une fortune, qui mît à portée d'acquérir une charge. Donc le Tiers étoit repoussé, soit par sa naissance, soit par sa fortune, des places qu'il auroit pu mériter & illustrer même par ses talens. La réponse à cette objection est bien simple. L'homme naît avec une propriété ou sans propriété : ceux qui n'ont reçu en naissant qu'une intelligence médiocre & des bras, sont voués par la nature même aux travaux de la culture ou aux arts mécaniques peu compliqués. Ceux à qui la nature a donné un plus grand degré d'intelligence, ou des talens, ont par eux-mêmes des moyens de s'avancer & de s'illustrer. Il en étoit de même en France. Les talens de l'esprit n'exigeoient qu'un foible concours d'avances pécuniaires, & l'on pouvoit même s'en passer ; les arts libéraux, les comptoirs des marchands, les emplois subalternes de la finance, la profession d'avocat, &c., offroient mille moyens de subsister & d'acquérir des fonds, qui étoient autant d'échelons vers des grades supérieurs, & enfin vers la fortune. Supposons, & cette supposition est l'histoire exacte de cent mille individus, que le fils d'un laboureur ait acquis par ces moyens un capital de cinquante mille écus. Son fils augmente ce pécule & le double ; il acquiert la Nobleſſe, le petit-fils eſt Magiſtrat ou Militaire. La quatrième génération s'élève à des poſtes plus éminens ; & ſi l'application ſe ſoutient dans celle qui ſuit, ou ſi des chances heureuſes, que chaque claſſe comporte, deviennent ſon partage ; ſi des ſuccès marqués fixent l'attention publique, il n'eſt pas d'emplois militaires ou civils, auxquels elle ne puiſſe prétendre.

Je vais à préſent faire l'énumération des divers moyens d'avancement de fortune, qui étoient en France le partage des hommes du Tiers-Ordre, ou de ceux qui en deſcendoient, & dont l'origine récente étoit connue.

Il exiſtoit dans la maiſon du Roi & celle des Princes, un nombre conſidérable d'emplois honorables ou utiles, exercés par des hommes du Tiers-Etat, ou qui étoient à la première ou à la ſeconde génération d'annobliſſement. Dans l'Armée, un quart des Officiers, à-peu-près, n'étoit pas Noble, ou étoit annobli.

Il y avoit dans le Royaume douze Parlemens, & à-peu-près autant de Cours des Aides & de Chambre des Comptes. Les charges les plus éminentes de ces Tribunaux, étoient remplies par des hommes ſortis depuis un ſiècle du Tiers-Ordre,

& les autres par des annoblis. Il y avoit encore dans chacune de ces Cours diverſes charges exercées par des hommes de famille bourgeoiſe.

Dans la plus grande partie des provinces il exiſtoit des bureaux de Finances, dont les charges conféroient la Nobleſſe, & formoient autant d'objets d'ambition pour les perſonnes du Tiers-Etat, qui s'élevoient facilement à ces charges, lorſqu'elles avoient acquis par l'économie, le commerce, les emplois lucratifs de la finance & tout genre d'induſtrie, quelque fortune. Il y avoit dans chaque ville une Sénéchauſſée, un Préſidial ou un Bailliage; & ces emplois peu coûteux procuroient de la conſidération & des émolumens. La profeſſion d'Avocat étoit honorée & offroit aux hommes de talent un moyen d'acquérir de la célébrité & de la fortune.

Enfin un nombre très-grand, & trop grand, d'emplois ſubalternes dans les Tribunaux, tels que ceux de Greffiers, de Procureurs, d'Huiſſiers, procuroient des émolumens conſidérables à une multitude de citoyens.

Les emplois, que je viens de citer, étoient tous l'apanage du Tiers-Ordre ou de familles qui en ſortoient, & qui s'élevoient par degrés juſqu'aux premiers rangs de la magiſtrature.

Un autre état, celui de la finance, étoit la ſource des plus rapides fortunes; des revenus conſidérables étoient attachés aux premiers emplois de la finance,

& une multitude de places plus ou moins lucratives faisoient vivre dans l'aisance un grand nombre de familles. Je ne m'éloignerai pas de la vérité, en portant à cinquante mille le nombre des hommes soudoyés, pour la perception des impôts & des revenus publics, depuis le Garde ou Commis, qui jouissoit de cinq ou six cents livres d'appointemens, jusqu'au Fermier-Général, Receveur-Général ou Trésorier. Cette multiplication d'emplois étoit un mal en soi, & l'un des grands abus du systême compliqué d'impositions de la France; mais il n'en est pas moins vrai qu'elle étoit favorable à un nombre immense de citoyens. L'état eclésiastique présentoit encore au Tiers-Etat des moyens d'aisance & de fortune. Les Evêchés, les Abbayes du premier ordre étoient, à la vérité, accordés presqu'exclusivement à la Noblesse distinguée; mais souvent des hommes d'une naissance obscure y parvenoient, & un nombre prodigieux de Canonicats, de Chapelles, de Prébendes & d'Abbayes séculières, étoient l'objet de l'ambition du Tiers comme de la Noblesse; les Cures étoient aussi le patrimoine du Tiers-Etat. L'administration employoit un nombre infini de personnes, qui toutes étoient du Tiers; tels étoient les Commissaires des Guerres, les Chefs des divers Bureaux, les Employés des Vivres, des Ponts & Chaussées, les Commis de tout genre.

Si l'on joint à ces divers emplois & moyens

d'aisance, de fortune & d'élévation, tous ceux qui résultent d'un commerce immense, dont la balance étoit de quarante-cinq millions en faveur de la France, il sera évident qu'une multitude d'hommes étoit à portée d'exercer ses talens & son industrie, & de s'élever en deux générations aux premiers emplois de l'Etat, & quelquefois en six ou sept jusqu'à la Pairie. Ainsi cette Noblesse, qu'on représente si orgueilleuse, laissoit monter au rang de ses chefs des hommes du Tiers, & ce Tiers, qu'on s'efforce de montrer circonscrit dans les travaux mécaniques, possédoit les charges importantes, qui donnent une autorité réelle, telles que celles de Secrétaires d'Etat, & de la haute Magistrature. Enfin du sein de ce Tiers si avili, si opprimé, si méprisé, dit-on, sont sorties, dans l'espace d'un siècle, quinze familles honorées de la Pairie, à laquelle n'ont point été élevés les *Rieux*, les *Beaufremont*, les *Taleyrand*, les *Chabanne*, dont l'antique éclat remonte aux premiers temps de la Monarchie, & qui ont mêlé tant de fois leur sang avec celui des Rois.

La Pairie fut, dans les temps anciens, l'apanage des Princes du sang; les Princes étrangers n'y furent élevés qu'à la fin du quinzième siècle, & la Noblesse Françoise n'en fut honorée qu'au milieu du seizième siècle. Le Connétable de Montmorency est le premier de la Noblesse Françoise, qui ait été fait Pair de France; & le Parlement de Paris refusa d'enregistrer les

les lettres d'érection, attendu, dit-il, que telle dignité n'appartenoit qu'aux Princes de la Maison royale, ou à ceux des Maisons souveraines. Je suis bien éloigné d'adopter les fables injurieuses que contient un mémoire contre les Pairs, qui parut du temps de la régence. L'ignorance, l'imposture & la passion se sont efforcées de donner aux plus grandes maisons une origine obscure. C'est là qu'on lit, entre autres absurdités, que l'illustre & antique maison de Crussol descend d'un Apothicaire. De telles allégations ne méritent pas la peine d'être réfutées. Mais il est vrai de dire que plusieurs maisons, illustrées par les plus grandes dignités, sont sorties du Tiers-Etat, & dans cinq ou six générations sont parvenues à la Pairie. De ce nombre sont les *Potiers de Gesvres* & les *Villeroy*. Le premier Duc *de Mazarin* étoit petit-fils de l'Avocat *Laporte*. Le Chancelier *Seguier* a été fait Duc sous le nom de Duc *de Villemort* (1).

(1) Je ne puis passer sous silence, à cette occasion, la vertueuse & noble résistance du Parlement de Paris, à l'enregistrement des lettres d'érection de la terre de Villemort en Duché, en faveur du Chancelier Seguier, & les motifs vraiment patriotiques & romains des Magistrats de cet illustre corps. Loin d'être flattés de voir décoré de la dignité de Duc un homme de leur ordre, ils refusèrent d'enregistrer les lettres, par la raison que la perspective des premiers honneurs de la Cour feroit naître dans les

Le Maréchal de Belle-isle, le Maréchal de ***, dont les descendans subsistent dans un rang éminent, étoient de familles récemment annoblies; le Duc *d'Etrées* & le Duc *de la Vrillière*, avoient une pareille origine. Le grand Maréchal *de Villars* étoit d'une famille annoblie un siècle avant sa naissance. Le Maréchal *de Maillebois*, petit-fils d'un laboureur du Soissonnois, a été fait Grand d'Espagne; & son fils, distingué par ses talens, étoit au moment d'être Maréchal & Duc, lorsqu'il se perdit par une imprudence. Dans le siècle dernier, *Fabert*, qui n'étoit pas un homme d'un grand talent, étoit petit-fils d'un Libraire, & fut fait Maréchal de France. Le frère *de Colbert* a été fait Cordon-bleu, *Catinat* étoit d'une famille bourgeoise; & quelque grande que soit la dignité de Maréchal de France, ses vertus & ses talens ne me permettent pas de dire qu'il en a été honoré. M. *d'Asféld*, d'une famille bourgeoise, a été, dans ce siècle, fait Maréchal de France, & Chevalier de la Toison d'or; & le Comte *de Morville*, d'une très-obscure famille, a été également honoré de cet ordre distingué.

A ces exemples des plus hautes dignités, possédées

Magistrats une ambition contraire à la modération, qui devoit les caractériser, & leur feroit mettre moins de prix aux dignités de la Magistrature, qui devoient seules être pour eux l'objet d'une louable ambition.

par des personnes du Tiers-Etat, il faut joindre le nombre considérable de ceux qui sont parvenus au ministère, & ont fondé des familles, qui ont partagé avec la Noblesse les grands emplois militaires, & souvent les charges de la Cour. Tels sont les *Sillery*, les *Huraut de l'Hôpital*, les *Bullion*, les *Bouthiliers*, les *Colbert*, les *Louvois*, les *Phelipaux*, *Dreux*, *Chamillart*, *d'Arménouville*, &c. &c.

Est-il une contrée dans l'Europe, où le Tiers-Etat ait joui d'aussi grands avantages ? & peut-il exister un ordre de choses plus favorable à cette classe ? Les droits féodaux étoient inhérens aux terres ; & comme elles pouvoient être achetées par tout homme qui avoit des moyens suffisans, il n'y avoit à cet égard aucune ligne de démarcation : un annobli jouissoit sans difficulté des droits qui avoient distingué dans les temps antiques l'habitation *des Rieux* & *des Coucy*. Cet exposé des nombreux moyens d'avancement & de fortune, dont jouissoit en France le Tiers-Ordre, fait voir qu'il n'étoit aucunes prérogatives qu'il ne partageât avec la plus haute Noblesse, si l'on en excepte celle d'être présenté au Roi comme courtisan, & de manger avec lui.

DU RAPPROCHEMENT
DES DIVERSES CONDITIONS.

En France ſeulement il exiſtoit, ſi je puis m'exprimer ainſi, un frottement perpétuel entre les diverſes claſſes, qui en minoit les angles trop ſaillans ; & cette facilité de mœurs, qui caractériſe les François, ne permettoit pas qu'il y eût d'invariables & humiliantes ſéparations. La Magiſtrature étoit compoſée d'un nombre conſidérable de Citoyens, qui jouiſſoient à ce titre, comme je l'ai dit, de la Nobleſſe, & la tranſmettoient à leurs enfans. L'exercice de l'autorité, qui étoit confiée aux Magiſtrats, & leur influence dans le Gouvernement, leur procuroient une conſidération perſonnelle, qui néceſſitoit les égards & les ménagemens des perſonnes les plus conſidérables par leur rang. Enfin des alliances multipliées exiſtoient entre les familles des Magiſtrats, de la Finance & celles de la haute Nobleſſe, & formoient des liaiſons qui réuniſſoient ces diverſes claſſes.

L'homme de la Cour, dans l'ivreſſe de ſes titres, ébloui de ſes cordons, en parlant à ſes égaux, des Magiſtrats, les traitoit quelquefois de bourgeois. Mais ces bouffées de vanité, réprouvées des gens fenfés, n'empêchoient pas qu'ils ne fuffent refpectés à la ville, & traités à la Cour avec diftinction par les Miniftres. Les enfans des Financiers s'élevoient aux emplois de la Magiftrature, & parvenoient aux plus grandes places & fouvent au Miniftère. Les richeffes des Financiers devenoient la reffource des grandes familles obérées, & les alliances s'étoient multipliées entre les races les plus illuftres, & les Financiers opulens.

Les talens, l'efprit, les agrémens, la célébrité dans les arts, faifoient obtenir des égards flatteurs. Et ces heureux dons de la nature mettoient des hommes fans naiffance, à portée de vivre, dans une apparente égalité, avec les plus grands Seigneurs, & les perfonnes les plus confidérées.

Tous ces moyens de s'enrichir, de s'élever, de s'allier avec les plus grands noms, d'être admis dans les premiers cercles, n'exiftent pas dans les autres pays. Les diverfes conditions y font claffées invariablement; les Nobles ne fe méfallient point, & ce n'eft pas tant par orgueil que parce qu'il n'y a, en général, point d'avantage à fe méfallier. Les fortunes du Commerce & de la Finance, dans les autres Etats de l'Europe, ne font ni confidérables, ni multipliées, & il y a au contraire un très-grand avantage à ne pas fe méfallier, fondé fur les richeffes & les éminentes dignités que procurent les chapitres.

La nouvelle Nobleſſe & celle qui date même de deux cents ans, eſt ſans conſidération en Allemagne, & ne peut être admiſe dans la ſociété de la première Nobleſſe (1). Un Miniſtre, un Ambaſſadeur à Vienne, ne peut inviter à ſouper une femme, dont le mari Comte ou Baron, n'eſt pas de la première Nobleſſe ; & les Dames de cette claſſe déſerteroient ſa maiſon, s'il tentoit un tel mélange. Enfin le goût de la ſociété & du plaiſir, ne fait pas, dans la plupart des pays, taire l'orgueil, & n'y confond pas les rangs dans la vie habituelle, comme en France, où l'amuſement étoit l'objet le

---

(1) Le goût de la ſociété a fait de grands progrès à Vienne ; & ce goût ainſi que l'eſtime des talens, font ſouvent taire des préjugés anciennement enracinés. Je remarquerai encore, qu'il eſt peu de pays où le mérite & les talens obtiennent plus de conſidération.

Le Prince de Kaunitz n'a jamais rien demandé pour perſonne, n'a jamais procuré aucune grace pendant 50 ans de miniſtère ; & on n'étoit pas moins empreſſé de lui rendre des hommages, qui n'étoient corrompus par aucun levain d'intérêt ou d'ambition. On oublioit la naiſſance de Laudon ; & s'il avoit laiſſé des deſcendans, ils jouiroient d'égards marqués.

C'eſt dans la patrie du Baron de Thunderten-Trunk, & dans d'autres contrées de l'Allemagne, que la ligne de ſéparation de la Nobleſſe eſt invariablement fixée, & que le ſouvenir des titres ſe produit dans les plus petites circonſtances.

plus important des sociétés. La maîtresse d'une maison ne s'occupoit pas de faire asseoir à côté d'elle l'homme le plus éminent en dignité, mais celui qui lui paroissoit le plus aimable. Dans les autres pays, & sur-tout dans le Nord, le rang militaire détermine votre place à table & dans la chambre, & on démêle promptement, en entrant, le grade de chacun, aux égards qu'on lui témoigne. En France, les différences d'état ne se marquoient que par des nuances délicates, & sensibles seulement aux yeux les plus exercés. La faveur, le rang, l'esprit, les agrémens, la richesse, les talens, étoient également l'objet des égards ; & ces divers principes de considération sembloient confondre les personnes. La vanité générale, par toutes ces raisons, avoit moins à souffrir en France que dans les autres pays. Les titres, les armoiries, les livrées, ne peuvent être usurpés dans la plupart des Etats, & le nombre des chevaux d'attelage y est fixé. Le ridicule étoit en France le seul frein opposé aux vaines prétentions. Tel étoit l'ordre, qui subsistoit dans ce Royaume depuis des siècles, & tel étoit le balancement de toutes les classes & de tous les genres de considération, qu'il y avoit, dans la plupart des conditions, les moins élevées en apparence, des prérogatives qui rivalisoient avec celles des premières dignités. Ainsi, par exemple, le fils d'un bourgeois enrichi, qui avoit acheté une charge de Conseiller au Parlement, étoit de la Chambre des Pairs, & non-seulement opinoit avec eux, mais les précédoit dans la séance, l'usage étant que le doyen des Conseillers siégeât avant les Pairs. Un Président-à-mortier traversoit le parquet, & partageoit avec les seuls Princes du sang cette prérogative, refusée aux Pairs de France. Une inconséquence venoit se mêler aux prérogatives honorifiques des Magistrats. Le Chancelier de France, chef de la Magistrature, & regardé comme la première personne de l'Etat, siégeant au Conseil du Roi avant les Pairs, ne pouvoit manger avec le Roi; l'homme de robe déplacé, en général, dans les sociétés de la Cour, jouissoit dans la capitale d'une grande considération. Il ne pouvoit prétendre à exercer une charge qui lui auroit donné le droit de présenter un mouchoir au Roi; mais il s'élevoit avec force dans le Parlement contre son autorité. Et tandis que les plus grands personnages paroissoient à la suite du Monarque, comme des serviteurs, il délibéroit en sa présence sur les plus importantes affaires de l'Etat, défendoit éloquemment la cause des Peuples, intimidoit les Ministres par une courageuse liberté, & arrêtoit les entreprises de l'autorité arbitraire.

Au milieu de ces contradictions, il étoit dans chaque état des exceptions favorables, & des compensations pour l'amour-propre. Chaque classe de

Citoyens offroit une ſphère, dans laquelle ceux qui la compoſoient, pouvoient ſe circonſcrire, & trouver des objets de conſolation pour ce qui leur étoit refuſé ailleurs. L'homme d'une Nobleſſe récente, qu'une charge faiſoit admettre à la Cour, s'énorgueilliſſoit de ſon accès auprès du Souverain; le Noble d'une race antique, dénué des biens de la fortune, ſe complaiſoit dans le récit des anciennes illuſtrations de ſa race, & dans la conſidération des perſonnes du même ordre. Le Magiſtrat, dédaigné à la Cour, jouiſſoit avec orgueil des honneurs rendus au Mortier dans le Marais. Le Maître des Requêtes, tout-puiſſant dans une province, recueilloit avec un ſentiment de vanité les hommages des Peuples, qui le dédommageoient du déplaiſir de ſe voir confondu dans la capitale. Le Financier, inconnu à Verſailles, voyoit avec ſatisfaction les plus grands Seigneurs de la Cour s'aſſeoir à ſa table, s'aſſocier à ſes plaiſirs, & par l'intimité de la ſociété, s'efforcer de participer à ſon opulence. Les Grands, pour le flatter, cherchoient à faire oublier la diſtance de leur état, & l'ivreſſe de la fortune lui faiſoit oublier ſon néant. L'homme de Lettres ſans aïeux, recherché des Grands, des hommes en place, des riches, ſoit par un effet de leur goût pour les Lettres, ou par prétention, étoit diſtingué, comblé d'éloges dans les plus brillantes ſociétés, & des bienfaits de la Cour joignoient l'utilité à ces agrémens. L'Artiste célèbre, le Musicien, le Peintre, étoient aussi l'objet d'empressemens flatteurs. Enfin le goût du plaisir faisoit disparoître habituellement toutes les lignes de séparation; & la société ressembloit à un grand bal, où chacun se presse, se coudoie, se place au hazard ou selon son goût, & ne cherche qu'à passer agréablement quelques heures.

Les femmes de robe étoient exclues de la Cour; mais cette séparation n'est point ancienne, & n'a commencé qu'au règne de Louis XIV. Elles avoient été jusqu'alors présentées à la Cour, admises à la table du Roi; la preuve en est consignée dans les descriptions des fêtes que Louis XIV donna au commencement de son règne. On y lit que la femme du Lieutenant-Civil & d'autres femmes de Magistrats, assistèrent à ces fêtes au rang des Dames de la Cour, & furent admises à la table de Louis XIV. Mais si elles jouissoient de ces avantages, il y avoit cependant quelques différences dans la manière d'être présentées. Les femmes de Magistrats n'étoient point ce qu'on appelle *saluées*, c'est-à-dire, que le Roi n'approchoit pas sa joue comme pour les embrasser, lorsqu'elles lui étoient présentées; il leur faisoit un simple salut. Cette différence parut humiliante aux familles distinguées de la Magistrature, sur-tout aux Présidens-à-mortier, qui s'efforcèrent, dans quelques occasions, d'obtenir le rang de Pair à la Cour. Les Magiſtrats aimèrent mieux que leurs femmes ne paruſſent plus à la Cour, que de les y voir traitées avec moins de conſidération que les autres. Dès-lors celles de l'ancienne chevalerie reſtèrent ſeules en poſſeſſion d'être admiſes dans la ſociété du Roi & de la Reine; & comme tout s'oublie aiſément, les Gens de la Cour regardèrent les Magiſtrats comme des bourgeois, exclus par leur état, depuis Pharamond, de tout accès à la Cour. Les premiers Magiſtrats, dans l'exercice des plus auguſtes fonctions, ne parurent à la plupart que des Marguilliers, enorgueillis dans leur banc à la paroiſſe.

Il n'en étoit pas ainſi dans les temps anciens. On lit dans l'hiſtoire, que lorſque les Reines venoient dîner à l'Hôtel-de-Ville, on leur préparoit un bain, & qu'il y en avoit de deſtinés aux Dames de leur ſuite, & à une bourgeoiſe de Paris, admiſe à lui faire ſa cour dans ces jours de repréſentation. Henri IV alloit ſouper chez des Préſidens du Parlement & chez Zamet; & c'eſt l'habitation conſtante des Rois, hors de la capitale, qui a établi un immenſe intervalle entre eux & diverſes claſſes de la ſociété.

DES PARLEMENS.

LE mot de *Parlement* a signifié autrefois toute assemblée où l'on se réunissoit pour conférer des affaires publiques. Les Champs-de-Mars & de Mai ont été ainsi appelés, & les Etats-Généraux, qui leur ont succédé, ont été désignés d'abord sous le nom de Grands-Parlemens. Les assemblées connues depuis plusieurs siècles sous ce nom, & dont il est ici question, ont été instituées pour rendre la Justice, & se tenoient deux fois par an. Elles étoient originairement composées des hauts Barons, parce que le droit de rendre la Justice, a de tout temps paru le plus bel apanage des Souverains & des Seigneurs.

Les Barons étoient peu instruits, & la majeure partie ne savoit pas lire. On leur donna pour assesseurs des Jurisconsultes ou Légistes appelés *clercs*, qui composèrent seuls les Chambres des Enquêtes.

Le Roi payoit des gages à ces Conseillers, qui furent appelés Maîtres. Ils remplacèrent les Barons, & le Parlement fut uniquement composé de gens du Tiers-Etat. Le Roi ayant convoqué plusieurs fois les Pairs au Parlement de Paris, comme il l'avoit fait en d'autres lieux, & cet usage ayant subsisté, le Parlement a prétendu former la Cour des Pairs. Une partie de la haute Nobleſſe a continué de remplir les fonctions de Juges dans quelques-unes des Provinces, qui avoient des Souverains particuliers, & qui depuis ont été réunies à la Couronne. La Bretagne eſt de ce nombre, & il ſe trouve encore dans le Parlement de cette province, des familles de l'ancienne chevalerie. Une ſeule eſt reſtée dans celui de Paris; c'eſt la famille des *Anjorrant*, qui depuis Saint-Louis ſiége dans cette Cour, ſans avoir jamais été élevée à aucune des grandes dignités de la Magiſtrature. Les Evêques furent exclus du Parlement, à l'exception de ceux dont les domaines relevoient immédiatement de la Couronne, & qui en conſéquence étoient comptés parmi les Pairs, d'après la ſignification exacte de ce mot, qui ſignifie *pareils* ou *égaux*. Il ſe donnoit à tous ceux qui relevoient du même ſuzerain, & ſouvent à tous les hommes d'une condition égale; c'eſt par cette raiſon qu'il y avoit des *Pairs bourgeois*. Les *Remontrances* n'ont été originairement que des réponſes faites aux Rois, qui demandoient au Parlement ſon avis, & le Parlement a pris enſuite l'habitude de le donner & d'inſiſter pour qu'il fût ſuivi, ſans avoir été conſulté. Les beſoins de l'Etat ayant fait imaginer de mettre à profit le droit que le Roi avoit de nommer aux places de Conſeillers & de Préſidens du Parlement, on créa pluſieurs Offices de Conſeillers, qui furent vendus, & par-là suite ces Offices & tous les emplois du Royaume eurent un prix fixe; enfin on finit par créer des emplois pour les vendre. Ce fut un grand mal dans ces temps, mais les inconvéniens en ont été rachetés dans les temps postérieurs par des avantages réels. Lorsque le Parlement fut devenu sédentaire, les Rois s'habituèrent à le consulter; & dans les temps de trouble, les chefs des factions dominantes ayant eu aussi recours au Parlement, il devint l'arbitre des plus grandes affaires. Ceux en faveur desquels il décidoit, avoient intérêt à soutenir ses droits, & le Parlement étoit, pour son propre avantage, porté à favoriser l'accroissement du Pouvoir souverain, en opposition à l'aristocratie des Nobles. Le Roi, les Grands, le Peuple, ayant cherché en diverses occasions un appui dans le Parlement, son autorité a pris un rapide accroissement. Un acte d'autorité, favorable au Souverain, étoit suivi d'un autre acte qui lui étoit contraire; & l'on ne pouvoit souvent contester l'un, sans porter atteinte à l'autre. L'instruction donnée aux Députés des premiers Etats de Blois, porte que « *bien que les Cours de Parlement* » *ne soient qu'une forme des trois Etats raccourcis au* » *petit pied*, ils ont pouvoir de suspendre, mo- » difier ou refuser les Edits ».

Cette instruction, qui prouve ce qui n'étoit point douteux, que les Parlemens ne représentoient pas la Nation, leur accorde cependant un pouvoir d'opposition, presque égal à celui du Parlement d'Angleterre; la transcription faite sur les registres du Parlement, des Arrêts, Lois & Réglemens émanés de la Puissance royale, fut l'origine de l'enregistrement.

Les Parlemens prétendirent par la suite, que cette transcription sur leurs registres étoit une sanction nécessaire; & le Peuple s'habitua à croire qu'une Loi, qui n'étoit pas inscrite sur ces registres, manquoit d'un caractère essentiel & nécessaire à son exécution. Ce sentiment prévalut, sur-tout pour les Edits qui établissoient de nouveaux impôts, dont le Peuple étoit intéressé à s'affranchir. La puissance des Parlemens augmenta dans les temps de trouble, & le Parlement de Paris a plus fait qu'aucune Assemblée nationale; il a donné trois fois la régence, & cassé le testament de deux Rois. Ce même Parlement écrivoit de la manière la plus soumise au Connétable de Montmorency, en 1547; voici ses termes qu'on a peine à concilier avec l'usage où il s'est maintenu d'écrire *Monsieur* au Régent du Royaume, petit-fils de Louis XIII.

Notre très-honoré Seigneur, nous avons bien voulu vous avertir de ce que dessus, à ce que votre bon plaisir soit, l'ayant fait entendre au Roi, nous commander son bon vouloir.

Les Parlemens, & dans quelques circonstances

les Chambres des Comptes & les Cours des Aides, ont opposé une courageuse résistance aux entreprises de l'autorité arbitraire, & ont été efficacement secondés dans cette lutte contre des Ministres despotes, par les mœurs & les usages fortifiés de l'opinion, qui a toujours eu un grand pouvoir en France. La plupart des autres pays sont soumis au pouvoir militaire, ou au régime féodal; & dans une grande partie, il n'y a eu pendant long-temps que des Nobles & des serfs. Les degrés de la hiérarchie dans ces pays sont peu nombreux, tandis qu'il y avoit en France une multitude d'échelons, qui, de proche en proche, s'élevoient jusqu'au rang suprême. Des intérêts contraires en apparence, & des conditions, qui différoient par des nuances plus ou moins sensibles, se combattoient perpétuellement, & formoient un équilibre résultant de mouvemens déterminés en sens contraires.

Le Parlement de Paris étoit depuis plusieurs siècles formé des Pairs ecclésiastiques & séculiers, & de Magistrats qui achetoient leurs charges. Ceux des provinces, institués par les Rois, jouissoient des mêmes prérogatives, & les Pairs y avoient également séance. Les Pairs ne siégeoient au Parlement, que lorsqu'il s'agissoit de leurs intérêts, ou qu'ils y étoient convoqués par le Roi, ou invités par le Parlement à y venir prendre séance, dans des circonstances où il vouloit se fortifier de leur

leur présence & de leur avis ; souvent ils recevoient des ordres du Roi pour ne pas s'y rendre. Il faut observer que plusieurs Rois ont assisté en personne aux procès criminels des Pairs ; & la Chambre ou Cour des Pairs, étoit par-tout où il plaisoit au Roi de les convoquer, & non pas dans le Parlement de Paris, exclusivement à tout autre lieu. Le Parlement est convenu, dans le quinzième siècle, qu'il n'avoit que le droit de juger les procès, & non de connoître des *affaires de Finances*, *du Gouvernement* & de la *Guerre ;* mais dans les temps postérieurs, il fut par le fait substitué aux anciens Etats-Généraux.

Souvent il suspendit la marche de l'autorité arbitraire, & étaya la puissance légitime & nécessaire du Souverain ; & l'on ne peut se refuser à reconnoître, que la France & l'Etat ont les plus grandes obligations au Parlement de Paris & à ceux des provinces.

Le Parlement de Paris a été le défenseur de la Loi salique & des droits de la Couronne, contre les entreprises de la Cour de Rome. Attachés aux vieilles maximes, les Parlemens ont empêché, du temps de la Ligue, que la France ne fût démembrée ; & la Maison royale leur doit la conservation de la Couronne. Les Parlemens, comme tous les grands Corps, étoient peu flexibles ; & ils avoient cet aſſujettiſſement aux formes, qui paſſe pour de la pédanterie, & eſt cependant le plus sûr rempart contre le changement & l'altération des principes. Intermédiaires par le fait entre le Trône & les Peuples, ils ont en pluſieurs circonſtances maintenu l'un, & défendu les droits des autres, avec un intégrité & un courage dignes des anciens Romains.

Il paroîtra ſans doute étrange, qu'en achetant une charge avec l'agrément du Roi, on devînt le repréſentant de la Nation, le diſpenſateur de la Juſtice, & le défenſeur des Peuples. Mais en examinant attentivement les principes, & les effets de la vénalité, on verra qu'elle n'étoit qu'un gage de l'éducation & d'une fortune, qui préſervoit de la dépendance des Grands, & des appas de la corruption.

Les mœurs des Magiſtrats étoient plus réglées que celles des autres claſſes. Ils étoient en général peu inſtruits des objets étrangers à la Juriſprudence; & divers préjugés, par la nature même de ces Corps, y demeuroient profondément enracinés. Conſervateurs par eſſence des Lois anciennes, ils devoient être en garde contre les idées nouvelles, & ſuivre tardivement les progrès de l'eſprit; un corps ne peut pas ſe mouvoir avec l'agilité d'un individu, & marche toujours plus lentement. Mais la ſageſſe, qui caractériſoit ces Corps, étoit préférable aux foibles rayons d'une lumière, qui souvent égare, en portant au-delà de la vérité.

Habitués à juger des procès, les objets de l'administration étoient peu familiers aux Parlemens. Mais l'éloquence & la pureté des intentions suppléoient, dans leurs remontrances, à la connoissance des détails, qui leur manquoit.

On leur a quelquefois reproché de combattre, pour le maintien de leur autorité & de leurs prérogatives, avec plus de force que pour les intérêts des Peuples; & cet attachement à ses privilèges est un trait caractéristique des corps, & de toute association. On en a vu des exemples frappans dans les corps religieux. Le temps étoit arrivé de faire d'importans changemens dans l'administration, & l'anéantissement d'anciens préjugés les rendoit faciles. On étoit vivement frappé de la nécessité d'établir des impôts, dont la perception fût moins compliquée, moins dispendieuse, & de faire disparoître l'injuste inégalité de la répartition. Les Parlemens, par défiance du Gouvernement, & par assujettissement aux anciens usages, auroient opposé quelquefois de la résistance à des plans sagement combinés. Mais un Gouvernement ferme, économe & éclairé, auroit vaincu ces obstacles, subjugué tous les esprits par l'évidence & la pureté de ses intentions; enfin il eût déterminé ces

Corps, dont il auroit gagné la confiance, à seconder ses efforts. Les Lois civiles & criminelles avoient également besoin d'être refondues; la simplification étoit nécessaire pour les unes & pour les autres, & l'humanité prescrivoit l'adoucissement ou la suppression de Lois barbares, dont plusieurs étoient puisées originairement dans le code religieux.

DE L'ADMINISTRATION.

La puiſſance exécutrice, ou l'Adminiſtration du Royaume, étoit confiée aux Miniſtres & aux Intendans des provinces; les affaires qu'elle embraſſe, étoient réparties entre quatre Secrétaires d'Etat. Les principaux Départemens étoient ceux de la Guerre, de la Marine & des Affaires étrangères.

La Maiſon du Roi, la police de Paris, les affaires du Clergé & celles des Proteſtans formoient un autre Département; mais quelquefois ces objets étoient diviſés & ajoutés à celui d'un Miniſtre en crédit. Les affaires générales des provinces étoient diſtribuées entre les Secrétaires d'Etat; les conflits qui s'élevoient dans chaque province étoient portés devant le Secrétaire d'Etat, qui en avoit le département, & c'étoit par lui que le Roi faiſoit connoître ſes intentions aux Commandans, aux Intendans, aux Evêques & aux différens Corps ou Communautés. Le Miniſtre de la Guerre avoit, de droit par ſa place, la direction de toutes les affaires des provinces frontières. Les quatre ou cinq Secrétaires d'Etat, car le nombre n'en étoit pas invariablement fixé, travailloient chaque ſemaine avec le Roi ſur les affaires de leur Département;

& quand il y avoit un premier Ministre, il assistoit à ce travail.

Les Finances étoient administrées par le Contrôleur-Général, depuis qu'il n'y avoit plus de Surintendant ; ce Ministre ne pouvoit jamais être comptable, parce que toutes les dépenses, qui excédoient mille livres, étoient ordonnées par le Roi, & l'état en étoit signé de sa main. Les détails de la Finance étoient confiés, sous l'autorité du Contrôleur-Général, à un Magistrat qui avoit le titre d'Intendant des Finances, & travailloit avec ce Ministre, dont il n'étoit que le premier Commis avec un titre honorable. Ces places donnoient la première considération; & souvent des Intendans des Finances ont préféré cet emploi stable & utile, au poste orageux de Contrôleur-Général.

Le Chancelier de France étoit chef de tous les Tribunaux ; il étoit l'organe des volontés du Roi auprès des Cours de Justice, pouvoit mander chez lui les Secrétaires d'Etat, & présidoit au Conseil privé, composé des Conseillers d'Etat & Maîtres des Requêtes. La dignité de Chancelier étoit la première, pour le rang & les prérogatives honorifiques. Il précédoit dans les Conseils les Ducs & Pairs, ne terminoit jamais ses lettres par le mot *Serviteur*, ne rendoit aucune visite, & ne portoit le deuil de personne, étant censé représenter l'impassible Justice. Enfin le Chancelier jouissoit d'une prérogative bien plus précieuse que ces brillantes distinctions, il étoit le seul des Ministres qui fût inamovible; il pouvoit être exilé, mais non destitué. Une place si importante par son objet, qui étoit l'administration de la Justice, & qui procuroit autant de distinctions honorables, ne donnoit pas un grand crédit à la Cour; le Chancelier ne conférant aucun grand emploi, aucune place lucrative. Les empressemens étoient naturellement dirigés vers les Ministres des Finances, de la Guerre & de la Marine, qui avoient des moyens multipliés de procurer de grandes fortunes.

L'emploi de Garde-des-Sceaux étoit quelquefois joint à la charge de Chancelier; mais le plus souvent il en étoit séparé, & le Garde-des-Sceaux jouissoit de tous les honneurs & prérogatives du Chancelier, à l'exception de *l'inamovibilité.* C'étoit un emploi de pure confiance; & dès que le Roi n'avoit plus les services d'un Garde-des-Sceaux pour agréables, il lui envoyoit demander les Sceaux qu'il remettoit à un autre, & quelquefois il en exerçoit lui-même les fonctions.

Il y avoit plusieurs Conseils distincts par l'objet qui s'y traitoit, & par les personnes qui les composoient. Le premier étoit le *Conseil d'Etat*, auquel assistoit, nécessairement & de droit, le seul Secrétaire d'Etat des Affaires étrangères; les autres Membres de ce Conseil étoient ou des Secrétaires d'Etat, ou des Maréchaux de France, ou d'anciens Ambaſſadeurs. Les affaires extérieures étoient ſeules diſcutées dans ce Conſeil; le Secrétaire d'Etat des Affaires étrangères en étoit le rapporteur, & y faiſoit la lecture des dépêches des Ambaſſadeurs. Les Membres de ce Conſeil étoient appelés *Miniſtres d'Etat;* le caractère, que conféroit ce titre, étoit indélébile. Il falloit chaque jour de Conſeil être averti par le Roi, pour avoir droit de s'y rendre; & un Miniſtre qui auroit été diſgracié pendant vingt ans, n'avoit beſoin pour y reparoître, que d'être averti, parce que ce titre étoit toujours cenſé ſubſiſter. Le Chancelier étoit rarement de ce Conſeil, dont les objets étoient abſolument étrangers à ſon miniſtère; & comme le rang ſupérieur que lui donnoit ſa charge, ſembloit lui accorder une prééminence, qu'il auroit pu, dans quelques circonſtances, ne pas borner à la ſéance, ſa dignité étoit un obſtacle à ſon ambition.

Le ſecond Conſeil étoit celui des *Dépêches;* il avoit pour objet les affaires de l'intérieur: & quelquefois on évoquoit à ce Conſeil des affaires particulières, dont les Tribunaux ſe trouvoient par-là dépouillés. Mais les évocations n'avoient lieu que lorſque ces affaires exigeoient par leur importance l'attention du Légiſlateur, & que les queſtions intéreſſoient à-la-fois, & l'ordre judiciaire & l'adminiſtration; le Chancelier & tous les Secrétaires d'Etat aſſiſtoient à ce Conſeil, & deux Conſeillers d'Etat y avoient ſéance. Le troiſieme Conſeil étoit celui des Finances, dont le Contrôleur-Général étoit le Rapporteur, & le quatrième celui du Commerce. Des Conſeillers d'Etat avoient ſéance à ces deux Conſeils avec les Miniſtres. Lorſqu'une affaire contentieuſe, portée au Conſeil des Dépêches, exigeoit de grands développemens, un Maître des Requêtes étoit nommé pour en faire le rapport devant le Roi.

Un corps de Magiſtrature, qui faiſoit l'apprentiſſage de la Juriſprudence dans les parlemens, étoit en quelque ſorte en oppoſition avec ces compagnies, & particulièrement dévoué au Roi; c'étoit le Conſeil privé, composé de Conſeillers d'Etat & de Maîtres des Requêtes. Ce Tribunal pouvoit être conſidéré comme le gardien de la puiſſance exécutrice; il étoit le Tribunal de réviſion pour tous les Arrêts émanés des Cours, & dans leſquels les formes preſcrites par les Lois, étoient violées. Les Membres de ce Conſeil, diviſés en pluſieurs Bureaux, étoient Juges d'Affaires contentieuſes, relatives à l'Adminiſtration. C'étoit parmi eux qu'on choiſiſſoit les Commiſſaires Départis ou Intendans des provinces, dans leſquels réſidoient en partie la force & la ſurveillance du Pouvoir exécutif. La diſtribution des impôts leur étoit confiée, ainſi que le pouvoir d'en aſſurer la perception, & le jugement de la plupart des différends qui en résultoient. Ils étoient chargés de la confection des chemins & de plusieurs parties importantes de la police, qui exigeoient de la célérité dans l'exécution. Ils surveilloient l'Administration des villes, & l'emploi de leurs deniers & tous les détails économiques du service militaire. Le paiement & le logement des troupes étoient encore confiés à leurs soins. Le Gouvernement, par le moyen de ces Magistrats, avoit la plus exacte connoissance de tout ce qui se passoit dans les provinces. Leur autorité étoit un frein opposé aux entreprises du Pouvoir judiciaire, & aux abus du Pouvoir militaire, confié aux Commandans des troupes; les Intendans revêtus d'une aussi grande autorité, nécessaire pour contre-balancer tous les autres Pouvoirs & maintenir la Puissance royale, devoient nécessairement exciter la jalousie, & faire naître divers conflits. On leur a souvent reproché d'abuser de leur autorité, & d'user de dureté envers les contribuables; quelques-uns ont pu mériter cette inculpation, & il n'est point d'établissement qui ne comporte des abus. Sous l'Administration de Colbert, les Intendans usoient avec rigueur & despotisme de leur pouvoir, & ils ne faisoient que suivre les impulsions & les ordres de cet homme célèbre; l'éclat de son Administration a couvert son odieuse fiscalité, mais sa correspondance offre des traits du plus barbare deſpotiſme. Depuis long-temps les Intendans, dirigés par l'opinion publique, cherchoient plus à ſe diſtinguer par leurs ménagemens pour les Peuples & par des établiſſemens utiles, que par leur aſſerviſſement aux volontés miniſtérielles. On trouveroit dans la correſpondance de la plupart de ces Magiſtrats des plaidoyers éloquens en faveur des Peuples, étayés des connoiſſances de détails, qui manquoient aux Parlemens. Les torts que l'on peut reprocher à pluſieurs, ne ſont ni la corruption, ni l'abus de l'autorité : ils dérivent de la négligence & de la diſſipation; & c'eſt aux Miniſtres des Finances qu'il faut s'en prendre à cet égard. Entraînés par le torrent des affaires du moment, occupés ſans ceſſe du crédit public, des emprunts, de la hauſſe ou de la baiſſe des effets royaux, ces Miniſtres ne portoient pas toujours aſſez d'attention ſur les provinces, ſources de tout revenu. Ils ne ſurveilloient point aſſez l'Adminiſtration des Intendans, n'excitoient point leur zèle, & la faveur trop ſouvent l'emportoit pour le choix des ſujets. Si l'on examine la diſtribution des pouvoirs confiés par le Gouvernement, & les reſſorts qui le faiſoient mouvoir, on ſera forcé de convenir que la ſageſſe & l'expérience de pluſieurs ſiècles, avoient préſidé à la formation d'un ordre de choſes qui réuniſſoit la célérité de l'expédition à un examen approfondi des objets, & que toutes les parties étoient éclairées par des autorités rivales qui s'opposoient respectivement à la domination de chacune, & les contenoient dans leur sphère. Je ne dois pas omettre, en parlant de l'Administration, de faire mention des ressorts secondaires qui assuroient & accéléroient le jeu des premiers, & pouvoient suppléer leur action, de manière que rien ne fût suspendu ou déréglé, par l'inaction des principaux ressorts.

Il y avoit dans l'Administration de la France, une force intérieure, qui luttoit contre la dissipation, l'ignorance & l'impéritie, & qui provenoit de l'application, de l'expérience & des lumières des Agens subalternes du Gouvernement. On a dit, pour critiquer leur influence, que le Gouvernement François étoit *bureaucratique*. Mais dans le perpétuel changement de Ministres, qui a signalé les règnes de Louis XV & de Louis XVI, il étoit heureux pour l'Etat qu'il y eût des hommes permanens dans leurs postes, & à portée de guider ces Ministres éphémères, & de les prémunir contre la séduction des novateurs, l'enthousiasme & l'artifice des gens à projets. La machine de l'administration avoit commencé à être organisée pendant le ministère de Richelieu, & s'étoit perfectionnée sous Louvois & Colbert. L'esprit qui avoit animé ces deux Ministres, les principes qu'ils s'étoient faits d'après l'expérience & leurs lumières, les formes qu'ils avoient établies, composoient un système complet d'Administration, qui eut en quelque sorte force de loi pour leurs successeurs. Les chefs des divers Bureaux, connus sous le nom de premiers Commis, pénétrés de son esprit, habituoient ceux qui étoient sous leurs ordres & devoient leur succéder, à l'observance des formes, & aux principes qui les avoient dictées. De-là résultoit une marche assurée & expéditive dans les affaires, qui faisoit en partie le succès des Ministres. L'habitude de voir aller les choses en quelque sorte également sous chaque Ministre, rendit le Roi moins attentif dans leur choix; il ne s'appercevoit pas, à la marche des affaires, du changement des personnes. Le Ministre, nommé le samedi, suivoit, le dimanche au travail du Roi, le fil des affaires, en discutoit les plus petits détails, parloit des choses & des personnes, comme s'il eût été en place depuis un an.

Cet attachement aux formes établies sous Louis XIV, & aux maximes de Ministres célèbres, se soutint jusqu'à Messieurs d'Argenson & Machault. Les choses changèrent à leur disgrace; on commença à s'écarter des anciens usages & des formes. La marche des affaires à cette époque, fut moins assurée, & les innovations se multiplièrent; ce changement eut pour principe l'élévation des Militaires & des Gens de la Cour au Ministère. Louis XIV avoit eu pour maxime, de ne confier l'exercice du pouvoir qu'à des Magiſtrats dont l'ambition étoit circonſcrite néceſſairement dans une étroite ſphère, & que l'habitude du travail rendoit plus capables d'attention. Enfin les Magiſtrats ſans famille à la Cour, ſans entours puiſſans, avoient peu de moyens d'y former des intrigues. C'eſt à l'époque du miniſtère du Maréchal de Belle-iſle, & à celui du Duc de Choiſeul, qu'on voit les ordonnances ſe multiplier, la diſcipline s'altérer, & le Militaire ſe dégoûter d'un ſervice où il falloit ſans ceſſe apprendre & oublier. Les manœuvres, les uniformes, les principes de la diſcipline, les punitions, les moyens d'avancemens, les dénominations des emplois, tout changeoit à l'avènement de chaque Miniſtre; cette variation de perſonnes & de principes ne diminua pas ſous Louis XVI, & a pu contribuer à aliéner l'eſprit des troupes. Mais du dégoût à l'infidélité l'eſpace eſt immenſe; & des cauſes plus immédiates, plus déciſives, ont déterminé cette infidélité, ſans exemple dans la Monarchie françoiſe.

DE LA VÉNALITÉ DES CHARGES.

LA vénalité des charges paroît au premier aſpect un des plus monſtrueux abus, qui puiſſent être iutroduits dans un Etat. Quoi de plus révoltant que d'acheter le droit de rendre la Juſtice, celui d'examiner les états des Comptables, d'adminiſtrer le Royaume & de commander une Troupe militaire? Quoi de plus décourageant pour les hommes nés avec des talens, que de ne pouvoir les exercer, ſi l'on n'a pas été, en naiſſant, favoriſé des dons de la fortune? Le réſultat d'un tel ordre de choſes ſemble devoir être, que des hommes, qui ont payé le droit de juger leurs ſemblables, s'indemniſeront, par des prévarications, des ſacrifices qu'ils ont faits; que les Tribunaux ſeront compoſés des hommes les plus ignorans, qu'il s'y fera un honteux trafic de la Juſtice, que des Chefs, lâches & diffamés ſeront à la tête des Corps militaires, qu'enfin dans toutes les parties du corps politique règneront l'avidité & la corruption.

Un tel tableau eſt bien loin d'être vrai, & le mot de vénalité induit en erreur. Les places les plus enviées par l'ambition étoient celles de

Secrétaires d'Etat ; leur prix étoit de *cinq cents mille livres.* Les charges de Capitaines des Gardes-du-Corps & de premiers Gentils-hommes de la Chambre étoient fixées au même prix ; celle de Grand-Chambellan à douze cent mille livres. Mais résultoit-il de la vénalité de ces charges, qu'il fût facile à tout homme, qui avoit douze cent ou cinq cent mille livres, de les obtenir, & que celui, qui n'avoit pas cette somme, ne pût pas y prétendre ? En résultoit-il, qu'on admît parmi les Capitaines-des-Gardes & les premiers Gentils-hommes de la Chambre, des hommes sans naissance ? Ces places, malgré leur vénalité, étoient conférées uniquement à ceux que des circonstances, indépendantes de la fortune, & leur naissance mettoient en droit d'y prétendre ; parce que les émolumens de ces places surpassant le capital, il étoit indifférent qu'elles fussent vénales.

Il n'en étoit pas ainsi des offices de Magistrature, parce que les gages n'étant plus en proportion de leur prix, il falloit être assez riche pour supporter le sacrifice de l'intérêt annuel du capital, & pour vivre dans le monde d'une manière convenable au rang que conféroient ces charges. La richesse étoit nécessaire pour y parvenir, mais la plus grande richesse ne déterminoit aucune préférence. Il n'en falloit pas moins réunir les qualités convenables, avoir fait les études nécessaires, être parvenu à certains grades antécédens, & avoir une naissance honnête.

J'ai déjà eu occasion de traiter cette même question ; & comme je ne pourrois que répéter les mêmes raisons, & qu'elles me semblent sans réplique aux yeux de tout homme impartial, je vais rapporter ce que j'ai eu occasion de dire à ce sujet.

Trajan ayant ordonné que ceux qui aspiroient aux dignités, auroient au moins le tiers de leurs biens en fonds de terres, tous ceux qui prétendoient aux charges, achetèrent à l'envi des terres, & leur prix augmenta considérablement. Loi judicieuse, qui veut que, pour gouverner la République, on s'intéresse à la République ; qui atteste qu'il n'y a de véritable Citoyen que le possesseur de terres ; que celui-là seul, qui souffre de tous ses maux, participe à tous ses avantages. Les richesses ont été de tout temps un titre pour être appelé aux honneurs ; les Archontes étoient choisis dans le nombre des plus riches Citoyens. On exige en Angleterre que les Membres du Parlement ayent une propriété, & elle n'est pas assez considérable dans les temps actuels. La progression des richesses, l'augmentation des valeurs, exigeroient que l'on fît une nouvelle fixation à la fin de chaque siècle. Le même esprit a dicté la même Loi à Rome & en Angleterre ; & toutes choses égales d'ailleurs, les terres doivent avoir par cette raiſon une valeur de plus en Angleterre.

La vénalité des charges a produit originairement un grand mal; il a dû paroître ſcandaleux, abſurde dans les premiers temps, qu'on achetât le droit de juger. La politique la plus éclairée ne pouvoit rien cependant dicter de plus avantageux, pour les ſiècles à venir, que cet uſage ſuggéré par le beſoin, & qui n'a pas été dans le moment ſans inconvénient (1).

Il n'y a point de vénalité dans le fait, car on ne peut pas à prix d'argent obtenir un emploi de préférence à celui qui en a moins. Le prix que coûtent les charges, n'eſt qu'un gage qui garantit, que la fortune du Juge le met au-deſſus du beſoin & de la corruption, & qu'il eſt aſſez riche pour ſe ſoutenir avec décence dans un état honorable. Tel étoit le ſentiment du Cardinal de Richelieu. Cette vénalité a les mêmes effets que la Loi de

(1) Monteſquieu s'exprime d'une manière conforme à mon ſentiment : « Or dans une Monarchie où, quand les » charges ne ſe vendroient pas par un réglement public, » l'indigence ou l'avidité des courtiſans les vendroit tout » de même; le hazard donnera de meilleurs ſujets que le » choix du Prince; enfin la manière de s'avancer par les » richeſſes, inſpire & entretient l'induſtrie, choſe dont » cette eſpèce de Gouvernement a grand beſoin ».

Trajan, que celle d'Auguste, qui fixoit la fortune que devoit avoir un Sénateur, que celle d'Angleterre. Elle a produit un autre avantage pour l'Etat. En n'admettant que des gens riches dans les charges, le Roi a pu diminuer successivement les gages, les réduire presque à rien, & l'on s'est trouvé suffisamment payé par l'honneur & les prérogatives. Si les charges n'étoient point vénales, si les fonctions de Juge étoient exercées par des gens peu aisés, les dépenses de la Magistrature absorberoient une partie des revenus de l'Etat.

Je ne parlerai point des charges de la Finance, & du nombre infini de charges de tout genre. L'abus n'étoit pas dans la vénalité des emplois divers, mais dans leur multiplication & leur inutilité. Le Contrôleur-Général Desmarêt ayant proposé au Roi, pour subvenir aux dépenses de la guerre, la création de plusieurs offices, Louis XIV frappé du peu d'importance de leurs fonctions, dit à son Ministre, qui est-ce qui achetera ces charges? Votre Majesté, répondit Desmarêt, ignore une des plus belles prérogatives des Rois de France, qui est que, lorsqu'un Roi *crée une charge*, *Dieu crée à l'instant un sot pour l'acheter.*

L'abus de cette multiplication d'emplois étoit d'autant plus grand, qu'on avoit attribué à la plupart des exemptions qui ajoutoient à la charge des Peuples. Mais en balançant les avantages &

les inconvéniens, il est, je crois, certain que cette manière de mettre à profit la vanité des hommes, a été plus favorable que nuisible à l'intérêt du Peuple, & que les charges ont été des moyens d'encouragement dans diverses professions, par l'espoir d'élévation qu'elles offroient aux familles du Tiers-Etat. Ces charges ont épargné au Peuple des impôts; & en les considérant comme des emprunts, aucun n'a été moins coûteux. Si l'on suppose que le prix de toutes les charges s'élève à *six cents millions*, qui n'ont pas coûté plus de deux pour cent d'intérêt, je demande quel moyen moins onéreux pouvoit être inventé, que celui de la vénalité, d'où est résulté une économie de plus de deux milliards, dans l'espace de deux cents ans?

DES LETTRES DE CACHET.

L'ORIGINE des Lettres de cachet remonte à près de quatre cents ans. Les temps de troubles & les révoltes des Grands ont pu rendre nécessaires ces actes de l'autorité souveraine. L'amour du pouvoir, si commun à tous les hommes, a fait conserver à des Ministres, dans des temps calmes, cet usage. Il a servi quelquefois leurs passions; il a favorisé la paresse effrayée de l'examen d'une affaire compliquée; & de proche en proche tout ce qui tient à l'Administration, a regardé les Lettres de cachet comme un ressort actif & puissant du Gouvernement, comme un moyen réprimant, qui concouroit au maintien de l'ordre, quelquefois comme la sauvegarde des familles, souvent même comme un effet de l'indulgence du Prince.

Un pareil emploi de l'autorité, loin d'affermir la puissance, d'en rendre l'exercice plus facile, lui a souvent suscité des obstacles, & excité de violens orages.

L'emprisonnement de deux Conseillers au Parlement, Broussel & Blancmesnil, fit soulever le Peuple sous la régence d'Anne d'Autriche, & fut le principe des troubles qui agitèrent la minorité de Louis XIV. Un coup d'autorité entraîne quelquefois la néceſſité de les multiplier à l'infini. Combien de querelles auroient été aſſoupies dans leur origine par le mépris, qui ont été animées & prolongées par l'intervention de l'autorité ?

C'eſt une choſe remarquable, & j'en ai déjà fait l'obſervation, que les querelles religieuſes ont été le principe de la plupart des exils & des empriſonnemens. La fureur théologique & l'eſprit de ſecte n'ont point connu de bornes. Le fanatiſme eſt une des plus terribles maladies de l'eſprit humain ; & la vie & la liberté ne ſont rien aux yeux de l'enthouſiaſte, qui croit venger le ciel. Les perſécutions ſuſcitées à l'occaſion du janſéniſme en ſont la preuve convaincante. Une multitude de Citoyens fut privée de la liberté par des actes d'autorité, & le janſéniſme pendant long-temps ne parut qu'en faire plus de progrès.

La philoſophie avoit vu couronner ſes efforts en faveur de l'humanité, par les progrès de l'eſprit de tolérance ; & à l'avènement de Louis XVI au Trône, il fit connoître ſon éloignement pour tout genre d'abus d'autorité. Un des premiers objets qui fixa ſon attention, fut la liberté du Citoyen. Il avoit dans ſon Conſeil deux Miniſtres, portés par ſentimens & par principes à ſeconder ſes équitables diſpoſitions. M. de Malesherbes ayant été nommé Miniſtre, s'empreſſa, ſelon l'uſage, de faire auſſi-tôt la viſite des maiſons qui contenoient des prisonniers d'Etat. La prévention favorable, qu'on avoit pour ce vertueux Ministre, a fait répandre qu'il en avoit délivré un nombre considérable. Il m'a dit lui-même, avec la franchise qui le caractérisoit & lui faisoit repousser les éloges, qui n'étoient pas mérités, qu'il n'en avoit fait sortir que deux. Cette circonstance prouve que les motifs de la détention des autres lui avoient paru fondés. Il proposa au Roi de me charger de faire un mémoire qui fixât, s'il étoit possible, les cas où le maintien de l'ordre, le bien de l'Etat, celui même des familles, pouvoient déterminer le Souverain à s'élever au-dessus des formes judiciaires, pour priver un Citoyen de sa liberté. En exposant mon opinion sur une matière aussi délicate, je n'éprouvai aucun embarras, & c'est faire l'éloge du Prince & de ses Ministres.

Entraîné par son zèle, M. de Malesherbes, pour bannir entièrement l'arbitraire des décisions qui émanoient du Souverain en pareilles circonstances, & écarter la surprise, crut devoir établir un Bureau, composé de quelques Magistrats, pour l'examen des demandes de Lettres de cachet. Une institution fondée sur des principes aussi purs, & dont les avantages ne sembloient pouvoir être contestés, me parut très-dangereuse, & je ne lui cachai pas combien mon opinion différoit de la sienne. Je lui représentai que consacrer par une forme, légale en apparence, des actes essentiellement arbitraires, puisqu'ils n'avoient aucunes Lois pour principes, c'étoit fonder la plus formidable des tyrannies; que plus les motifs qui avoient présidé à l'établissement du Bureau d'examen, étoient purs, & plus le danger qui en devoit résulter étoit à redouter. Un Ministère corrompu & oppresseur pouvoit faire un jour de ce Bureau le plus terrible Tribunal d'inquisition. Il est impossible, lui dis-je, que les Parlemens ne s'élèvent pas avant peu contre un Tribunal armé du plus grand pouvoir, & qui fonde son empire sur le mépris de la Loi. Ceux qui sont les victimes d'un acte d'autorité, surpris à la justice du Souverain, & ceux, qui ont mérité d'être momentanément privés de leur liberté, rentrent sans tache dans la société; ils ont éprouvé une correction paternelle en quelque sorte, & n'ont pas subi un jugement. Mais dès que la punition émane d'un Tribunal ou Bureau, l'honneur se trouve compromis. Le ministère de M. de Malesherbes fut trop court pour produire le bien qu'on pouvoit en attendre. Plusieurs années après, la même question fut agitée, & l'un de ses successeurs écrivit aux Intendans des provinces, pour être instruit exactement des motifs de la détention de tous ceux qui étoient renfermés par des ordres souverains, & pour exciter la surveillance de tous les préposés sur les traitemens qu'ils éprouvoient. Cette occupation du Roi & des Miniſtres, de reſtreindre dans les plus étroites limites l'exercice d'une autorité dont il eſt ſi facile d'abuſer, eſt bien contraire à l'idée qu'on ſe forme du Gouvernement françois, à ce caractère de deſpotiſme, dont on veut que fuſſent empreints tous ſes actes.

Lorſque le Peuple s'eſt emparé de la Baſtille, il a trouvé *quatre ou cinq priſonniers* dans cette fortereſſe célèbre. L'un d'eux étoit fou, & les autres avoient commis des crimes avérés. Les archives de ce ſéjour ont été compulſées, & dans l'eſpace de trois cents ans, le nombre des malheureux qui l'ont habité, ne monte qu'à trois cents.

La vérité exige de dire qu'il exiſtoit d'autres Châteaux, qui renfermoient auſſi des priſonniers d'Etat, & que pluſieurs Monaſtères étoient employés au même uſage. La plupart de ceux qui étoient détenus dans ces maiſons, étoient des jeunes gens, que leurs parens avoient cru devoir ſouſtraire pour un temps à la ſociété, pour arrêter le cours de leurs diſſipations, & ſouvent pour prévenir la ſévérité de la Juſtice. Les Agens du Gouvernement ont quelquefois abuſé de ce moyen réprimant, & de légères fautes ont été expiées par des années de captivité; enfin des maris jaloux, des parens avides, des pères dénaturés, ont ſurpris aux Miniſtres des ordres rigoureux ſur de faux expoſés. On trouveroit pluſieurs exemples, ſous le règne de Louis XV, de ces abus d'autorité, mais bien moins nombreux qu'on ne le pense. Il n'en fut pas de même sous Louis XVI. L'indulgence a caractérisé son règne, & les principes sur l'emploi de l'autorité avoient changé. Il n'est point d'époque, où elle ait eu moins d'action ; & c'est pendant ce règne, à jamais remarquable par l'indulgence, qu'on s'est élevé contre l'autorité avec une violence, qui l'a ensevelie sous ses ruines, & qu'on s'est porté à des excès, qui ne semblent devoir provenir que du désespoir d'un Peuple opprimé. Au milieu des attentats de la Nation révoltée, le Monarque, loin de sévir, s'est occupé de restreindre son autorité. Il a craint les armes qu'il avoit en main, & ces armes émoussées de jour en jour par sa propre volonté, sont enfin devenues inutiles pour sa défense. Dans cette lutte sanglante de la Royauté & de la Démocratie, on croit voir deux combattans, dont l'un bien supérieur en force, se contente de parer, &, ménageant sans cesse la vie de son adversaire, finit par tomber sous les coups qu'il auroit pu prévenir.

DETTE PUBLIQUE.

La dette publique de la France a été l'objet de grands débats ; & il faudroit, pour mettre le lecteur à même d'en avoir une idée précise, comparer, analyser plusieurs ouvrages contraires en faits; ces détails seroient aujourd'hui sans intérêt. Je me bornerai à dire que la totalité des rentes viagères ou perpétuelles s'élevoit à-peu-près à deux cent quarante millions, & que l'article du viager montoit, en 1789, à *quatre-vingt-douze millions.*

Le fameux déficit est le seul objet intéressant à offrir au public, parce qu'il a été la première cause des troubles de la France.

Il étoit de deux sortes : une partie consistoit dans un excédent de rentes ou dépenses à acquitter chaque année, & il formoit un objet de cinquante-six millions.

L'autre partie consistoit dans la somme de cinq cent soixante millions, exigible à diverses époques, & dont la majeure partie devoit être acquittée dans l'espace de dix années.

Sous Henri IV, à son avènement au Trône, sous Louis XIV, à la paix des Pyrénées & à sa mort, la dette étoit plus forte dans la proportion de leurs revenus, & les ressources étoient bien moindres ; enfin une partie de la dette étoit viagère, & le temps offroit ainsi à la France la perspective d'un immense héritage.

Les deux objets, dont j'ai parlé, formoient le déficit, dont l'Europe a retenti. Les moyens de combler cet abîme n'étoient pas aussi difficiles qu'on l'a supposé, mais exigeoient une sage combinaison des ressources réunies, du crédit, de l'économie & de l'impôt. Enfin il étoit nécessaire que l'opinion d'un pouvoir étendu & durable fît avorter les intrigues contre le Ministre, qui auroit entrepris cet important ouvrage. Le Roi remit en quelque sorte sa toute-puissance à l'Archevêque de Sens, mais il ne lui donna ni les lumières, ni le caractère nécessaires pour imaginer & appliquer les remèdes.

Le tableau que je viens de présenter, n'est indifférent pour aucune Nation ; les intérêts de l'Europe sont essentiellement liés avec l'état des finances de la France, au moyen des rentes tant viagères que perpétuelles, possédées par les capitalistes de tous les pays. Dix milliards de fonds sont hypothéqués sur le sol, le commerce & l'industrie de l'Angleterre & de la France ; & les variations du crédit, la diminution de facultés de ces deux puissances affectent l'Asie, l'Europe & l'Amérique, unies ainsi à ces deux Nations par les intérêts commerciaux. C'est cette étroite union d'intérêt qui faifoit que le choix d'un Miniftre des Finances, en France & en Angleterre, étoit un évènement intéreffant pour toutes les Nations.

Je vais indiquer en peu de mots les reffources dont il étoit facile de faire ufage, & qui confiftoient dans des réformes économiques, 1°. telles que la diminution, fagement combinée, des fonds du Département de la marine & de la guerre, les réformes d'emplois inutiles de la Maifon du Roi, la fuppreffion d'une partie des bénéfices de la Finance, la réduction des frais que coûtoient les avances pour le fervice annuel, & celle des penfions & traitemens confidérables. Ces divers objets réunis auroient formé un enfemble de cinquante millions d'économie fur des dépenfes annuelles, & abforboient, par conféquent, une partie confidérable du trop fameux déficit :

2°. Dans l'affujettiffement des rentes viagères & de tous les Effets royaux au dixième, fupporté par les propriétaires ; cet objet auroit produit annuellement vingt-cinq millions :

3°. Dans l'établiffement d'un impôt, à titre de timbre, fur les objets de luxe, qui n'auroit point affecté la claffe indigente ; cet impôt auroit pu s'élever encore à vingt-cinq millions. Le rétabliffement du crédit étant un effet néceffaire des difpofitions économiques du Gouvernement, on doit croire que dans l'efpace de trois ou quatre ans, on auroit pu faire des emprunts jusqu'à la concurrence de quatre cents millions, qui auroient servi à acquitter la dette exigible. Cette partie embarrassante du déficit auroit ainsi changé de nature, & il n'y auroit eu qu'à pourvoir à l'intérêt de quatre cents millions, formant vingt millions de rente, auxquels les objets que j'ai indiqués, auroient servi d'hypothèque.

J'ai évalué à cinq cent soixante millions la dette exigible ou arriérée, & les produits du timbre & de l'assujettissement des Effets publics au dixième, à la somme de cinquante millions. Les intérêts de la somme de quatre cents millions payés, il restoit encore trente millions par an, pour acquitter le restant de la dette exigible, montant à cent soixante millions.

L'extinction progressive du viager, qui s'élevoit à seize cent mille francs par an, des améliorations de détail & l'accroissement du revenu, résultat nécessaire de la paix & d'une sage administration, auroient, dans cinq à six ans, augmenté la recette de *douze millions*, & permis de diminuer d'autant la charge des Peuples. Si l'on réfléchit à la simplicité de ces moyens & à la facilité de leur exécution, on sentira de plus en plus, que la plus étonnante fatalité à précipité la France dans l'abîme.

DES IMPOTS EN FRANCE,

AVANT LA RÉVOLUTION.

Les impôts en France étoient, comme dans tous les pays de l'Europe, de deux ſortes, directs & indirects, c'eſt-à-dire, qu'ils conſiſtoient en taxe ſur les biens-fonds & les perſonnes, & en droits ſur les conſommations. Les premières taxes ſe montoient à la ſomme de deux cent dix millions, en comptant trois vingtièmes; & en comprenant les corvées, impôts fournis en nature, & tous les genres de droits perçus par les villes, les contributions s'élevoient à *à cinq cent quatre-vingt-cinq millions.* Les frais de perception ſe montoient à cinquante-huit millions, & formoient partie des cinq cent quatre-vingt-cinq millions, compoſant la contribution des Peuples.

En faiſant la déduction des frais de recouvrement, des revenus des villes & des corvées, des frais de ſaiſie & d'objets levés au profit des Princes, le revenu de l'Etat étoit de quatre cent ſoixante-trois millions, auxquels il faut ajouter le produit des domaines & forêts, qui n'a rien de commun avec les contributions; cet objet, qui étoit de neuf millions, porte les revenus de l'Etat à quatre cent soixante-douze.

L'inégale répartition de l'impôt en appesantissoit le fardeau, & s'il eût été distribué d'après l'évaluation juste des fortunes, le poids en auroit été moins accablant. Mais en comparant les charges des Peuples dans les temps antérieurs, la richesse actuelle du Royaume en numéraire, & la prodigieuse augmentation du commerce, il seroit facile de prouver que dans les temps anciens, le Peuple avoit plus de peine à en supporter le fardeau, & qu'il n'y avoit pas autant de voies ouvertes à l'industrie.

Les esprits étoient particulièrement occupés de la recherche du meilleur mode d'imposition, des combinaisons de son équitable distribution, & de la simplification des recouvremens.

Le moment étoit arrivé de faire, à cet égard, les plus favorables changemens. Les esprits étoient mûrs pour cet important objet, & l'on auroit recueilli dans peu les fruits de l'attention du Gouvernement, qui cherchoit à s'éclairer pour son propre intérêt.

Encore une fois, je ne prétends pas que le sort du contribuable en France fût heureux; & je me borne à dire, qu'il a été bien plus malheureux dans d'autres temps, & que ce n'est point le ressentiment de sa misère & la juste haine de l'oppression, qui l'ont fait intervenir dans la Révolution.

DES

DES GENS DE LETTRES ET DE LEUR INFLUENCE SOUS LE RÈGNE DE LOUIS XVI.

BAYLE a dit que le ſeizième ſiècle a produit un plus grand nombre de ſavans que le dix-ſeptième, & qu'il s'en faut de beaucoup que le premier de ces deux ſiècles ait eu autant de lumières que l'autre. La réflexion de Bayle ſeroit plus juſte, s'il avoit dit, que le dix-ſeptième ſiècle l'a emporté par les *talens*. Ce ſont les talens de l'eſprit, bien plus que les lumières, qui diſtinguent ce ſiècle célèbre; & l'eſprit philoſophique, principe & produit des lumières, eſt particulièrement l'apanage du ſiècle actuel. Il en caractériſe toutes les productions & celles même, auxquelles par leur genre il paroît le plus étranger. Il n'eſt point d'homme d'eſprit, qui, en liſant les vers ſuivans de la tragédie de la mort de Céſar, & ignorant ſon auteur, n'affirme hardiment, qu'ils ne ſont pas d'une pièce compoſée dans le ſiècle dernier.

Va, Céſar n'eſt qu'un homme, & je ne penſe pas,
Que le ciel de ſon ſort, à ce point s'inquiette,
D'animer pour lui ſeul la nature muette;
Et que les élémens paroiſſent confondus,
Pour qu'un mortel ici reſpire un jour de plus.

Si le dix-huitième siècle l'emporte par les lumières sur le précédent, la balance est au moins égale pour les talens. Aux noms de Corneille, de Bossuet, de Racine & de Fénélon, on peut avec succès opposer ceux de Voltaire, de Montesquieu, des deux Rousseau & de Buffon. Mais deux choses sont à remarquer en faveur de ce siècle, qui lui assurent la prééminence pour les talens & les lumières. La première est l'application de l'esprit aux objets les plus intéressans pour la société. Le commerce, la culture, le crédit public, les manufactures ont, dans ce siècle, excité l'intérêt général; & l'économie politique a formé une science, approfondie par des hommes d'un grand mérite. La seconde circonstance, qui est à l'avantage de ce siècle, est le mérite distingué des écrivains de la seconde classe & leur nombre. Fontenelle, le Président Hénault, la Motte, Helvétius, Duclos, d'Alembert, ne peuvent être mis par la postérité au rang de Voltaire & de Montesquieu, mais forment cependant une classe d'écrivains estimables, qu'on chercheroit en vain dans le siècle précédent, après celle des premiers génies de ce temps. La plupart des écrivains qui ont vécu sous Louis XVI, n'appartiennent pas à ce règne trop court & si malheureux, & peu d'ouvrages remarquables ont paru à cette époque. Avec le règne de Louis XV, ou peu d'années après, ont disparu les hommes célèbres qui l'avoient illuſtré. L'intrigue & la cabale mirent dans les mains de d'Alembert, qui ſurvécut à Voltaire, le ſceptre de la Littérature. Tandis que perſonne ne liſoit ſes éloges, ſi remplis d'affectation & de termes impropres ; ni ſon hiſtoire de la deſtruction des Jéſuites, ouvrage dans lequel la bouffonnerie le diſpute à l'acharnement ; ni ſon éloge de la Reine Chriſtine, ſi peu intéreſſant ; ni ſon eſſai ſur les Gens de lettres, dicté par l'humeur & la prévention ; tandis que tous les hommes inſtruits mépriſoient ſes traductions de Tacite, d'Alembert étoit le dictateur de la Littérature, & diſpoſoit de toutes les places de l'Académie. Mais s'il a joui, ſous Louis XVI particulièrement, d'une célébrité uſurpée, on ne doit pas le compter au rang des écrivains, qui ont pu illuſtrer ſon règne, tous ſes ouvrages ayant paru ſous Louis XV.

Condorcet, qui s'eſt efforcé de ſuccéder à ſon empire, appartient au ſiècle de Louis XVI, mais il ne peut être cité parmi les grands écrivains. Ses ouvrages, dont à peine on ſait les titres, n'ont ni chaleur, ni profondeur ; ſon ſtyle eſt terne, ſec & ſans mouvement. Quelques témérités contre la religion, qui devroient être paſſées de mode, & des déclamations triviales contre le deſpotiſme, ont donné ſeules quelque vogue à ſes écrits.

L'Abbé de Lille, génie vraiment poétique, appartient au règne de Louis XVI. S'il fût né dans un temps, où l'on eût été plus épris de la poésie; s'il eût composé, au lieu de traduire, s'il eût choisi des sujets intéressans, il auroit joui, à juste titre, de la plus grande réputation.

Dans le très-petit nombre d'écrivains que leur âge peut faire inscrire sur la liste de ceux du règne de Louis XVI, le Comte de Choiseul-Gouffier est à distinguer; & je ne sais si, dans aucun siècle, on trouveroit un homme de son ordre, qui ait composé un ouvrage égal, pour le mérite, au voyage de la Grèce. Cet ouvrage réunit à la plus profonde connoissance de l'antiquité, un style agréable, varié & toujours conforme aux sujets.

Les écrivains célèbres & nombreux du siècle de Louis XIV & du règne de Louis XV, qui se sont exercés dans divers genres, ayant multiplié les tournures de la langue, & varié les formes du style, il semble que la langue se soit assouplie sous leurs mains habiles, & que de-là soit résulté une facilité générale de s'exprimer & d'écrire. Enfin une foule d'exemples en tout genre présentent, en quelque sorte à chaque écrivain, des assortimens tout préparés pour revêtir sa pensée. Ces moyens ont encouragé à écrire, & le nombre des écrivains s'est multiplié à l'infini, sous le règne de Louis XVI, mais il n'en est presqu'aucun, qui se soit élevé à une certaine hauteur.

Un petit ouvrage, qui réunit l'esprit, la grace

& l'enjouement, l'Almanach des Grands-Hommes, fait connoître le nombre infini d'hommes dominés en France par la manie d'écrire. On est étonné de la quantité de productions, depuis le madrigal jusqu'à la tragédie, qui paroissoient & disparoissoient dans la capitale, comme ces insectes qui naissent, vivent & meurent dans l'espace de vingt-quatre heures. Deux ouvrages remarquables ont paru sous le règne de Louis XVI, le premier est l'Histoire de la découverte des deux Indes, qui a obtenu le plus grand succès, sans donner une grande idée de son auteur, regardé comme l'éditeur des idées d'autrui. Cet ouvrage est fait de pièces de rapport & offre un bizarre assemblage de styles divers, de principes rebattus, de déclamations ampoulées, & quelquefois des plus fades peintures de la volupté; enfin des ornemens de courtisanne y déparent la grandeur du sujet. Tel est le livre de l'Abbé Raynal sur la découverte des deux Indes. On croit entendre, en le lisant, un charlatan monté sur des trétaux, & débitant à la multitude effarée, des lieux communs contre le despotisme & la religion, qui n'offrent rien de curieux que la hardiesse. Ce livre a cessé d'être lu, pour n'être que consulté comme dictionnaire. Mais dans peu, lorsque le temps & diverses circonstances auront apporté des changemens dans les Colonies, lorsque les unes auront décliné, les autres pris de l'accroissement, l'Abbé Raynal ne sera d'aucune utilité.

L'autre ouvrage, le voyage du jeune Anacharsis, est le fruit d'une application de plus de trente ans; cette érudite compilation a pour modèles, la Cyropédie, Séthos (1) & les Voyages de Cyrus; la forme, que l'auteur lui a donnée, exigeoit que le jeune Anacharsis, semblable en quelque sorte à Télémaque, intéressât le lecteur. Mais l'ouvrage

---

(1) On peut ajouter à Séthos & à la Cyropédie, qui ont servi de modèle à l'auteur d'Anacharsis, un ancien ouvrage, qui est l'histoire des Dinosophistes d'Athènes. Mais il en est un autre qui a paru dans ce siècle, & sur lequel semble calqué le Voyage d'Anacharsis : c'est l'histoire des sept sages de la Grèce. Ils se rencontrent à la Cour de Périandre, Roi de Corinthe, s'entretiennent de la religion, de la politique & des divers Gouvernemens de l'Asie; ils parcourent plusieurs pays célèbres, ils vont à Scyros pour y voir Pythagore, de-là à Samos avec ce philosophe. Ils vont à la Cour de Polycrate, & enfin à Sardes auprès de Crésus.

Anacharsis, qui a été à la Chine voir Confucius, les trouve à Sardes, & leur fait le récit de son voyage. Anacharsis est un des principaux acteurs de ce roman historique, qui renferme les détails les plus intéressans sur diverses contrées de la Grèce, & les plus grands évènemens du temps. Cet ouvrage a été oublié, & ne méritoit pas de l'être :

Et habent sua fata libelli.

ne contient qu'une narration froide, uniforme & sans mouvement. Anacharsis fait des questions, & on lui répond ; & c'est en pure perte pour l'agrément du lecteur, que l'auteur a donné à son ouvrage le cadre d'un roman. On ne peut le compter parmi les productions du génie : il ne renferme aucune vue profonde, ne présente aucun grand résultat, & le style n'a point de caractère.

M. Necker est à compter parmi les écrivains du règne de Louis XVI. Il a le premier consacré aux objets de l'Administration la pompe de l'éloquence & les fleurs de l'imagination. Mais ses ouvrages, qui ont atteint le but de l'auteur, celui de faire une grande sensation parmi les gens du monde, & de le porter à une grande place, sont dénués de savoir & de doctrine. Le succès des ouvrages de M. Necker auroit sans doute encouragé en France les hommes en place à écrire sur l'administration, & à développer une théorie saine, fortifiée de leur expérience ; enfin l'exemple de M. Necker auroit triomphé d'un préjugé qui interdisoit aux personnes appelées aux grandes places par leur naissance & leur position, la publication de leurs idées.

Qui croiroit que dans la patrie des Corneille & des Montesquieu il existât un tel préjugé, digne des temps de barbarie ? & rien n'est cependant plus vrai. La publication d'un ouvrage, en procurant une gloire littéraire à un homme du monde, jetoit une forte de ridicule fur lui parmi les gens de fon ordre. La fcience & l'efprit étoient encore en quelque forte roturiers ; & en fe rangeant parmi les écrivains, un homme d'un certain rang paroiffoit defcendre dans une claffe inférieure. La qualité d'écrivain étoit un obftacle prefque infurmontable dans la carrière de l'ambition (1). L'auteur de l'Efprit des Lois n'a pu obtenir une place médiocre dans les Affaires-Etrangères, à laquelle il afpira

(1) Le préjugé, qui interdifoit d'écrire à tout homme qui prétendoit à des places, étoit depuis long-temps enraciné ; on en trouve des preuves dans les lettres de Buffy-Rabutin, qui fe juftifie fans ceffe d'être auteur, & dit qu'il écrit en homme de qualité.

On lit dans ce recueil, des vers adreffés à cet homme, fi infatué de fa naiffance, de fes prétendus fervices & de fon efprit, qui confirment mon fentiment.

Le poète lui dit :

> Faut-il que le deftin t'ait fait naître en un rang,
> Qui t'oblige à cacher ce merveilleux talent ?
> Que nous foyions forcés, cherchant nos avantages,
> De defirer ta mort, pour lire tes ouvrages.

La charmante converfation du père Canaie & du Maréchal d'Hocquincourt, eft de M. de Charleval ; & le Préfident de Ris, fon parent, ne l'avouoit pas, parce qu'il n'étoit pas convenable, difoit-il, à un homme de condition d'être auteur. Peu de gens favent que Mahomet, tragédie, qui a eu du fuccès, eft de M. Gayot, Subdélégué-général de l'Intendant d'Alface, enfuite Préteur de

quelque temps. Le Cardinal de Bernis a été souvent embarrassé de sa réputation littéraire, lorsqu'il fut dans la voie des honneurs. Les hommes en place étoient portés à supposer que le talent nécessaire pour composer, exigeoit une chaleur d'esprit, une domination de l'imagination, incompatibles avec la maturité de jugement nécessaire aux affaires.

L'élévation de d'Aguesseau ne contredit pas ce que j'avance; il ne dut sa réputation qu'aux plaidoyers, qu'il composa pendant qu'il étoit Avocat-Général. Ce Magistrat, né avec le goût des Lettres, étoit plutôt disert qu'éloquent; & s'il eût eu quelques étincelles du génie de Montesquieu, s'il eût

---

Strasbourg, & quelques années après, Intendant de la guerre; il n'osa point la risquer sous son nom, crainte de porter atteinte à sa considération dans les affaires, & il la fit passer sous le nom de la Noue, acteur célèbre.

M. le Duc de Nivernois n'est pas une exception à ce que j'avance; il a fait quelques vers, qui ont l'air de lui être en quelque sorte échappés, & qui sont des vers de société; mais il n'a point fait imprimer un recueil de vers, ni des ouvrages suivis.

J'ai entendu M. le Duc de Choiseul dire, du ton le plus méprisant, à Madame la Maréchale de B.... en parlant de M. de Saint-Lambert, auteur du Poème des Saisons, homme de condition & militaire: *Votre Poète!*

M. Turgot avoit un talent marqué pour la poésie, comme je l'ai rapporté, & il eut soin d'en faire un secret, confié à un petit nombre d'amis.

osé mettre en doute le Cartésianisme, & examiner si par hazard Newton n'avoit pas quelque raison de croire à l'attraction & à la gravitation; si d'Aguesseau eût écrit autre chose que des discours, & composé des ouvrages dans lesquels il eût généralisé ses idées, jamais il ne seroit parvenu à la place de Chancelier. C'est avec regret qu'on se rappelle, qu'un Chancelier de France, célèbre par son amour pour les Lettres, a dit de l'Esprit des Lois: *ce n'est que de l'esprit sur les lois.*

C'est par l'effet du préjugé, dont je viens de parler, qu'on compte un si petit nombre de gens célèbres par l'esprit, dans les premiers rangs de la société, & presque aucun parmi les Ministres.

L'Angleterre offre un tableau bien opposé. Un nombre considérable de Ministres, dans ce Gouvernement, ont allié le talent des affaires au goût des Lettres & des sciences; je citerai au hazard Sakville, Comte de Dorset, Bacon, Thomas Morus, Clarendon Oxfort, Halifax, Addisson, Bolingbrocke, Littleton; enfin le Comte d'Essex, qu'on ne connoît en général que par sa présomption, sa faveur & son courage, étoit un homme d'un esprit cultivé, & il avoit pour la poésie des talens, qui auroient suffi pour l'illustrer.

En parlant des écrivains du dix-huitième siècle, il est intéressant d'examiner la part qu'ils ont pu avoir à la Révolution. Beaucoup de gens pensent que la hardiesse des écrits a contribué au renversement de la Monarchie, & elle n'a pas été sans quelque influence.

Mais en y réfléchissant attentivement, on voit clairement qu'on a fort exagéré cette influence. S'il y avoit eu une révolution en France il y a cent ans, un historien, en s'efforçant de remonter à ses causes, n'auroit-il pas pu dire avec une apparence de raison : « la jeunesse recevoit, dès ses premières » années, des impressions contraires au Gouverne- » ment ; on mettoit entre ses mains des ouvrages » qui respirent la haine de la royauté & l'amour » le plus effréné de la liberté ; loin d'enseigner aux » jeunes gens l'histoire de leur pays, on ne gra- » voit dans leur mémoire que celle des anciennes » Républiques ; & en apprenant à penser, ils de- » voient apprendre à détester la Monarchie. Dans » l'âge, où les passions ont le plus d'énergie, on » les conduisoit aux tragédies de Corneille, qui » sont remplies des mêmes sentimens ; tout conspi- » roit ainsi à leur faire aimer le Gouvernement » républicain ». Un tel exposé seroit spécieux & ne présenteroit rien de vrai, relativement aux effets. Lorsqu'un grand évènement a lieu, il faut distinguer ce qui est cause, principe, ou simplement occasion favorable. Un homme est-il assassiné chez lui par un voleur, le principe de ce crime est l'avidité des richesses, la cause de l'évènement, le voleur ; & si la porte de la maison se trouve ouverte, elle a été l'occasion favorable à l'assassin. Les causes véritables sont celles sans lesquelles l'évènement n'auroit point eu lieu, quelques circonstances qui eussent été rassemblées. Celles de la Révolution se réduisent à trois en France. *Les écrits & la conduite de M. Necker*, qui ont enflammé les esprits des gens du monde & du Peuple ; la trop facile bonté du Roi, & l'Assemblée des Notables. Supprimez l'une de ces causes, ou supposez l'Assemblée des Notables produisant le bien qu'on en pouvoit attendre, & il n'y a pas de Révolution. Les écrits de Voltaire ont certainement nui à la religion, & ébranlé la croyance dans un assez grand nombre, mais ils n'ont aucun rapport avec les affaires du Gouvernement, & sont plus favorables que contraires à la Monarchie. Les ouvrages de Montesquieu sont des apologies de la Monarchie, de la Noblesse & des Parlemens. Le Contrat Social de J.-J. Rousseau renferme des idées conformes au systême de liberté illimitée, qui a été adopté; mais ce livre profond & abstrait étoit peu lu, & entendu de bien peu de gens. L'Abbé de Mably est peut-être de tous les écrivains, celui qui a rassemblé le plus grand nombre d'argumens contraires aux maximes depuis long-temps suivies ; mais ses ouvrages, si pesamment écrits, avoient peu de vogue. Il falloit, pour produire en France un grand effet, ſavoir revêtir de formes attrayantes des ſujets arides; & Monteſquieu doit en grande partie ſes ſuccès au ſtyle piquant, au tour ingénieux de ſes penſées & au choix des plus heureuſes expreſſions qui règnent dans ſes ouvrages; c'eſt quand la Révolution a été entamée, qu'on a cherché dans Mably, dans Rouſſeau, des armes pour ſoutenir le ſyſtême, vers lequel entraînoit l'efferveſcence de quelques eſprits hardis. Mais ce ne ſont point les auteurs que j'ai cités, qui ont enflammé les têtes; M. Necker ſeul a produit cet effet, & déterminé l'exploſion.

CONCLUSION.

L'IMPARTIALITÉ a guidé mon pinceau dans la formation du tableau que je viens de tracer, & les Nations étrangères & la postérité y trouveront le véritable état de la France, défiguré jusqu'ici par le mensonge & la passion.

La France étoit un Gouvernement monarchique, & qui renfermoit par conséquent les abus dont ce Gouvernement, comme tout autre, est susceptible. L'histoire de tous les Empires & celle de soixante-six Rois de France, offrent des Souverains belliqueux, politiques, voluptueux, dévots, foibles, braves, indolens, ignorans ou amis des arts. Elle offre enfin le tableau des divers tempéramens de l'homme; & il n'est pas douteux que les vices & les vertus du Monarque n'influent sur le bonheur des Peuples & la splendeur de l'Etat. Mais le calme, que la Royauté bien établie fait régner dans un vaste pays, est un des plus grands avantages du Gouvernement monarchique. La puissance royale est un rocher, contre lequel se brisent sans bruit les vagues impétueuses de l'ambition, & de-là résulte le calme dans toutes les parties (1). Enfin,

(1) Il ne faut pas chercher dans le pouvoir paternel le principe de la royauté; elle est la simplification des Gou-

en comparant les Gouvernemens, on verra que les prodigalités d'un Monarque sont encore moins ruineuses pour les Peuples, que les élans ambitieux de l'effervescence républicaine. J'en trouve la preuve dans la comparaison de la dette Angloise avec celle de la France. Si cet empire eût été endetté en proportion de sa population, comparée à celle de l'Angleterre, la dette se seroit élevée en France a plus de seize milliards & l'impôt auroit été doublé.

Je sais que le génie républicain a le caractère de la passion, qui rend supportables les plus grands sacrifices. Mais si le sentiment du mal est en quelque sorte allégé, les privations ne sont pas moindres. On ne croira pas qu'il fût nécessaire de détruire de fond en comble l'édifice du Gouvernement français, si l'on considère que dans la révolution de douze siècles, malgré les vicissitudes, qui résultent de la diversité des caractères dans ceux qui ont gouverné, cet État s'est élevé au plus haut degré de splendeur, de prospérité & de richesse. La France a donné le ton à l'Europe entière; elle a contribué à l'éclairer; sa langue est devenue universelle, & ses mœurs dominantes. Le despotisme produit-il de pareils effets? & ne doit-on pas convenir que, malgré les imperfections inhérentes à tous les ouvrages humains,

---

vernemens & le produit de la lassitude, que fait éprouver le partage de l'autorité.

le régime de la France étoit approprié au génie des Peuples, & qu'il favorisoit puissamment son essor? La domination des richesses, & les effets qui en résultent, lorsque rien ne leur sert de contrepoids, sont à compter parmi les causes de l'altération du Gouvernement. Il n'est point d'aristocratie, que la richesse ne mine à la longue; & j'appelle aristocratie, toute supériorité dans l'ordre social. Il étoit essentiel en France que chacun des ordres, qui constituoit le Gouvernement, conservât ses rapports; & la multiplication des richesses étoit contraire à leur durée.

Machiavel a dit qu'il falloit ramener *souvent un Etat à ses premiers principes*, & cette maxime est fort juste. Ce n'est point par ses vices qu'a péri le Gouvernement françois, mais parce que l'on a laissé détendre ses ressorts, & que l'amour du changement a fait adopter de nouvelles formes qui contrarioient le régime établi. Loin que l'on puisse conclure de la chûte de l'ancien Gouvernement, qu'il étoit mal constitué, on verra, si l'on y réfléchit impartialement, qu'il ne s'est précipité vers sa ruine, qu'en se dénaturant.

Un Ministre, qui auroit réfléchi sur la disposition des esprits, n'auroit peut-être rien pu proposer de plus sage, plusieurs années avant la Révolution, que de prescrire aux Grands du Royaume le rétablissement de leur ancien faste extérieur. Par une

suite

ſuite de ce principe, la Cour auroit dû frapper par la pompe, qui l'avoit rendue autrefois ſi imposante. Il étoit néceſſaire de *ramener*, comme dit Machiavel, *aux principes*, & de renforcer par conſéquent le prix des diſtinctions que ne pouvoit uſurper la richeſſe; la conduite contraire a produit l'effet qui devoit en réſulter. L'éclat de la Cour ayant diminué, & celui des Grands s'étant éteint entièrement, on s'eſt familiariſé avec des idées d'égalité; indifférentes d'abord aux Peuples, mais précieuſes aux riches, qui croyoient n'avoir qu'à gagner dans l'établiſſement d'un régime républicain. C'eſt ainſi qu'après deux mille ans cet eſprit de lumière, qui caractériſe en partie le ſiècle actuel, nous a ramenés à la *barbarie* des Grecs; de ces Peuples ſi ſpirituels, ſi volages, ſi éclairés, ſi aimables & ſi cruels, qui, pendant long-temps, n'ont fait que paſſer du maſſacre des Nobles à celui du Peuple; qui ont donné l'exemple & des priſonniers tués de ſang-froid & du banniſſement d'un nombre infini d'habitans & de ſupplices ordonnés pour s'emparer des biens des victimes. Les François ont ſurpaſſé leurs maîtres, parce que leur cruauté a eu un champ plus vaſte pour s'exercer.

Dans un autre temps & chez un autre Peuple, les cauſes qui ont déterminé la Révolution, auroient pu être ſans effet; le caractère des François a fortifié ces cauſes, & de quelques parcelles de feu a formé un embrasement général. Imitateur par caractère, le François n'a jamais rien inventé; & s'il modifie & perfectionne les inventions des autres Peuples, souvent aussi il en force l'application. Une imagination vive & mobile le rend susceptible d'un prompt enthousiasme, inspiré quelquefois par les plus frivoles objets. Animé par le courroux, il a la cruauté, qui est l'apanage de la foiblesse irritée. Incapable de s'arrêter, il va au-delà du but & corrompt les meilleures choses. Le projet de la banque de Law, dont l'exécution, sagement conduite, auroit procuré les moyens d'acquitter une partie de la dette publique, est devenu entre les mains des François, qui ont forcé les moyens, outré leur action, un principe de calamité générale. Séduit, il y a cinq ans, par des idées de liberté, ce Peuple, pour me servir d'une expression aussi juste que frappante d'un Anglois, *a passé au travers de la liberté.* Jules César avoit bien connu le caractère des habitans des Gaules, lorsqu'il dit : *gens nimium ferox quàm quæ sit libera, c'est une Nation trop féroce pour pouvoir être libre.* Où les a conduits cette liberté, qu'ils ont eue en pensée ? A des cruautés sans exemple dans l'histoire, par leur continuité, par le sang-froid atroce qui les ordonne, sans en fixer le terme; par la joie féroce de ceux qui les contemplent, ou l'engourdissement de ceux qui les souffrent en silence. Semblables aux compagnons d'Ulysse, ils voient enlever leurs voisins pour être immolés, & attendent patiemment leur tour. Quelle carrière ouvre aux tyrans une Nation, qui se déshonore également, & par ce qu'elle fait & par ce qu'elle supporte, en leur montrant à quel point ils peuvent opprimer la nature humaine ! On a sans cesse répété que cette Nation aimoit ses Rois ; n'est-on pas fondé à croire qu'elle n'étoit qu'emportée, & qu'on a pris des mouvemens extrêmes pour des sentimens profonds ? qu'elle étoit sensible, tandis qu'elle ne faisoit que céder à des impressions passagères ?

Les plus grands scélérats, qu'on conduisoit autrefois au supplice, obtenoient du Peuple quelque signe de commisération ; mais les François prouvent aujourd'hui, que l'espèce humaine peut être dépravée au point d'être insensible aux plus affreux spectacles. Une plaisanterie féroce, qui se joint à la cruauté, est un des traits caractéristiques de ce Peuple, qui sait allier la légèreté & la barbarie.

Les farces attelanes ne servoient point d'entr'actes à Rome, aux proscriptions de Sylla & du tyran, surnommé Auguste par la flatterie d'un Peuple dégradé. Les habitans de Paris passent du sanglant spectacle du sacrifice de trente victimes, à la représentation de tragédies, de comédies & de pièces éphémères, qui semblent être les produits de la gaieté d'un Peuple ſatisfait & heureux. La froide diſcuſſion du mérite des auteurs, & des talens d'un danſeur, précède ou ſuit chaque jour dans les journaux l'article des ſupplices.

Il eſt à remarquer que dans cette ſeule Nation règne une puiſſance ſuprême appelée *Mode*, elle tient ſon empire de la légèreté qui adopte ſans examen, de la vivacité de l'imagination qui s'attache promptement à un objet, & du penchant à l'imitation. Quand on a ſuivi attentivement les progrès de la Révolution, on voit clairement que la mode, dans les commencemens, a tout mis en mouvement, & enfin déterminé les cruautés même. L'Abbé Maury fit une obſervation digne d'un philoſophe, homme d'Etat, lorſqu'on propoſa à l'Aſſemblée de ſubſtituer la *Guillotine* aux ſupplices anciens : *Il eſt à craindre*, dit-il, *que l'uſage de cet inſtrument ne familiariſe le Peuple avec l'effuſion du ſang.* L'évènement a juſtifié ſa prophétique conjecture ; la mode a influé ſur cette multiplicité de condamnations arbitraires, tellement qu'il n'eſt pas de ſang aſſez noble pour être reſpecté, qu'il n'en eſt pas d'aſſez vil pour être mépriſé. Elle a inſpiré l'idée de faire un uſage exceſſif & barbare d'un nouveau genre de mort, comme elle porte à multiplier les repréſentations d'une pièce nouvelle. Enfin, la mode élève le courage des malheureuſes victimes de la tyrannie dans leurs derniers momens; elles ſubiſſent leur ſort affreux, avec une intrépide ſécurité, ſans être animées par aucun des motifs ſublimes qui font diſparoître les horreurs de la mort. L'exemple, c'eſt-à-dire, la mode de mourir courageuſement leur tient lieu & de la religion conſolante & de cette ivreſſe que produiſent les ſentimens profonds. C'eſt en réfléchiſſant à la puiſſance de la mode ſur les eſprits François & à leur caractère enthouſiaſte, qu'on peut concevoir, comment des hommes, ſans patriotiſme ni vertu, ont agi en ſens contraire de leurs propres intérêts; comment, trouvant leur avantage dans la conſervation des abus, ils ont conſpiré pour la convocation d'une Aſſemblée, qui devoit les proſcrire; comment le Parlement a ſoudainement abandonné des droits fondés ſur une poſſeſſion de deux cents ans, & concouru à la demande de l'aſſemblée des Etats-Généraux, devant laquelle s'anéantit ſa puiſſance; comment la ville de Verſailles, peuplée uniquement des ſerviteurs du Roi, des Princes & des Grands, & ſi puiſſamment intéreſſée à la conſervation de l'ancien régime, s'eſt élevée avec une aveugle fureur contre la Royauté; comment l'Armée qui, par eſſence eſt dévouée au Trône, & ne doit connoître qu'une paſſive obéiſſance, s'eſt laiſſé entraîner par l'effervefcence générale, & a tourné contre le Prince les armes qu'elle avoit reçues de lui pour sa défense. J'ai prouvé que le Gouvernement, loin d'être oppresseur, étoit modéré & foible, & il me seroit encore plus facile de démontrer que dans une capitale, amollie par les délices de tout genre, dans une ville, où la pureté des mœurs étoit un objet de raillerie, où les cœurs étoient dévorés de la soif des richesses, l'amour de la liberté étoit aussi étranger que pouvoit l'être le luxe à Sparte. Je rougis, comme François, d'attacher de si grands & de si terribles évènemens à un aussi frivole & ridicule principe; mais ceux qui connoissent la Nation, qui l'ont vue s'enflammer pour des musiciens, menacer la vie de J.-J. Rousseau pour une différence de sentimens en musique, conviendront de la vérité de mon opinion; ils trouveront dans la légèreté & l'ardeur du génie françois tous les germes d'une Révolution, qu'on s'efforceroit en vain de trouver dans l'excès des abus. Cette légèreté fit proscrire autrefois par la Nation le Cardinal Mazarin : sa tête fut mise à prix, les communes eurent ordre de le poursuivre; & dans un court espace de temps le Parlement, qui l'avoit proscrit, vint lui rendre des hommages, réservés jusqu'alors aux Monarques.

Cette fatalité, à laquelle Tacite & les anciens historiens ont recours, pour expliquer les grands évènemens, a été sensible dans les premiers temps de la Révolution, & l'on ne peut, sans étonnement, considérer le concours fortuit (1) des circonstances propres à l'accélérer.

Si un politique se plaisoit à rassembler dans sa pensée, les évènemens contraires à la durée d'un

---

(1) Je ne puis passer sous silence une circonstance, qui caractérise cette fatalité, dont j'ai parlé. Le Régiment des Gardes Françoises, discipliné par le Maréchal de Biron, autant que peut l'être une troupe qui réside dans la capitale, étoit plein de vénération & d'attachement pour son chef. Le Maréchal étoit recommandable à leurs yeux, par une figure imposante, des manières chevaleresques, par sa magnificence & sa générosité, respectable par son grand âge & le long exercice du commandement de ce corps. Les Officiers avoient plus de bravoure que d'habitude du service militaire. Les Bas-Officiers, hommes éprouvés & intelligens, avoient une influence plus marquée que dans les autres corps. Le Maréchal de Biron meurt; la Cour nomme, pour lui succéder, un homme dont l'extérieur n'avoit rien d'imposant, qui avoit encouru la malveillance des troupes par sa minutieuse économie, par une sévérité quelquefois déplacée, par des principes absolus d'uniformité, qui ne lui permettoient pas de distinguer ce que les temps, les lieux, les personnes exigent de différence dans la pratique, & ce qu'une longue habitude mérite d'égards. Peu de jours après sa promotion à la place de Colonel des Gardes, le Duc du Châtelet inspectant, dans l'intérieur des Casernes, la compagnie des grenadiers du quatrième bataillon, dit à haute voix : *il n'en est pas un seul*

empire, que feroit-il, si ce n'est de supposer d'un côté la foiblesse, l'ignorance des temps & des hommes, l'impéritie en affaires, l'oubli des principes politiques & l'engourdissement des esprits ? D'autre part l'ambition active, colorée du prétexte de l'humanité & offrant au public séduit la trompeuse amorce de la liberté ; le Peuple autorisé à se choisir des Représentans, & leur assemblée soumise à la fougueuse influence des orateurs ; les moyens de diriger les esprits & de profiter de leur ardeur, réduits en systême ; la subtilité du raisonnement & le pathétique de l'éloquence, tour-à-tour employés avec art, pour séduire l'esprit par de spécieux argumens, ou exciter de violens transports ; enfin la hardiesse, sans cesse excitée par la foiblesse de la résistance. Après avoir parlé des choses, il me paroît nécessaire, pour completter le tableau, de faire connoître les personnes ; & je vais tracer

---

ici, qui n'ait besoin d'être mis à l'école d'instruction du Régiment du Roi. On peut juger de l'effet de ces paroles imprudentes sur de vieux Sergens, distingués par leur zèle & leur intelligence. Le Régiment des Gardes a manqué à la fidélité, dans le moment le plus critique, & sa défection a précipité la marche de la Révolution. Qui peut dire quel eût été l'ascendant favorable d'un chef, comme le Maréchal de Biron, & quelle a été la fatale influence de son successeur, dans les terribles circonstances dont il s'agit ?

le caractère des Ministres, qui ont gouverné pendant le règne de Louis XVI. Je commence par le Comte de Maurepas, dont le caractère, léger & insouciant, a contribué à détendre tous les ressorts du Gouvernement. Je passe ensuite à M. Necker, auquel il faut souvent revenir, parce que, comme dit Cicéron, *on s'attache plus à la cause des évènemens; c'est par ce principe*, dit-il, *que nos ancêtres ont regardé le jour de la bataille d'Allia comme plus funeste que celui de la prise de Rome, parce que ce dernier malheur fut la suite du premier; convaincu que c'étoit par la faute de Pompée, que nous étions tombés dans un état si déplorable, je m'en prenois plus à lui qu'à César.* Je ne compare pas M. Necker au grand Pompée, mais je vois en lui la cause de tous les maux, comme Cicéron voyoit, dans ce grand-homme, celle des malheurs de son temps.

Le Comte de Saint-Germain entroit naturellement dans le projet de faire connoître l'état de la France, considérée dans tous ses rapports, parce que ce Ministre, par les changemens qu'il a introduits dans la discipline & la composition de l'Armée, a fait naître le dégoût parmi les troupes, & préparé leur défection.

Le Cardinal de Brienne doit aussi avoir une place parmi les hommes qui ont causé les malheurs de la France. Le Marquis de Pesay, aventurier politique, m'a aussi paru intéressant à montrer sur la scène, parce qu'il eſt l'auteur de l'élévation de M. Necker. J'ai cru devoir à ces portraits joindre celui de M. Turgot, dont le zèle, quelquefois peu meſuré, a contribué à exciter, parmi les eſprits, de la fermentation ſur les matières de l'Adminiſtration. Ce Miniſtre, quoiqu'il fût attaché invariablement au régime monarchique, a le premier ſubſtitué les raiſonnemens à l'énoncé ſimple & précis des intentions du Souverain. Les préambules des Edits, qui ont paru ſous ſon miniſtère, ſont des diſſertations ſur les objets auxquels ils s'appliquoient. Il invitoit, par cette manière d'exprimer les volontés ſouveraines, les écrivains à la controverſe ſur l'Adminiſtration. Enfin, on peut reprocher à ce vertueux Miniſtre l'eſprit de ſecte, toujours ſi fatal, ſoit qu'il s'applique à la religion ou au Gouvernement. Le portrait de Turgot ſert au reſte de contraſte à ceux des autres Miniſtres que j'ai peints ; & ſes principes ſervent à faire connoître les progrès des lumières, dont les rayons, interceptés juſqu'alors par la défiance & la routine aveugle, auroient dans peu éclairé toutes les parties de l'Adminiſtration ; Turgot en feroit devenu le Deſcartes, ſi Maurepas n'eût pas comprimé ſon eſſor, & s'il eût eu plus de ménagement pour les hommes & compoſé avec les erreurs, plutôt que cherché à les déraciner de vive force.

LE COMTE DE MAUREPAS.

Il n'eſt que la France, où l'on ait vu les places de Miniſtre héréditaires, & des jeunes gens ſuccéder à leurs pères dans ces emplois importans. Le Secrétaire d'Etat Villeroy, qui a été cinquante-ſix ans Miniſtre, n'avoit guère plus de vingt ans, lorſqu'il fut revêtu de cette charge, qu'il a exercée ſous quatre à cinq Rois. Un Loménie exerçoit la même charge, à ſeize ans, ſous Henri IV. Louvois avoit vingt ans quand il fut adjoint à ſon père. M. de Barbéſieux lui ſuccéda fort jeune. Sous Louis XV, M. de Maurepas & M. de la Vrillière, ſon couſin, ont été Secrétaires d'Etat à ſeize ou dix-ſept ans. Une telle ſingularité mérite d'être expliquée. Quand on ſonge à la capacité néceſſaire à un Miniſtre, on porte naturellement ſes regards ſur un homme qui réunit l'expérience aux talens ; mais il faut obſerver que la place de Secrétaire d'Etat ne donnoit pas l'entrée au Conſeil, & que dans les anciens temps elle ne donnoit point l'autorité, qui a été, ſous Louis XIV, attribuée à ces charges. Dans les temps où il y avoit un Connétable qui jouiſſoit d'un pouvoir abſolu ſur le militaire, un Colonel-Général de l'Infanterie, qui nommoit à tous les emplois, & un Grand-Maître de l'Artillerie, le Secrétaire d'Etat de la guerre n'étoit, pour ainsi dire, qu'un expéditionnaire. L'activité & la connoissance des formes suffisoient pour un pareil emploi, qu'on exerçoit comme un métier; & la besogne étant préparée par des Commis qui avoient de l'expérience, le Secrétaire d'Etat, avec un peu d'application, étoit bientôt initié aux affaires, qui n'étoient ni aussi nombreuses, ni aussi compliquées qu'elles l'ont été depuis. Louvois commença par être adjoint de son père qui avoit été long-temps en place, & qui le guida dans les commencemens. Louis XIV se plut à travailler avec un homme, qui étoit à-peu-près de son âge, & qu'il s'imagina ensuite avoir formé. Ce Monarque dans la suite crut, avec plus de raison, pouvoir instruire ou former ses Ministres, & cette idée le disposa à nommer Seignelay & Barbésieux à la place de Colbert & de Louvois. L'exemple de ces choix déterminèrent le Régent en faveur de M. de Maurepas & de M. de la Vrillière, qui comptoient neuf Secrétaires d'Etat dans leurs familles. Le Comte de Maurepas avoit la plus vive conception, une mémoire prodigieuse, beaucoup d'agrément & de gaieté dans l'esprit. Il fut Secrétaire d'Etat à l'âge de seize ans environ, & il eut successivement différens départemens. Il ne se distingua dans aucun, par ses vues ou ses opérations; mais il s'acquit une grande célébrité d'esprit, par des mots plaisans & heureux, & se fit remarquer au Conseil par la facilité de son travail. Brouillé avec Madame de Chateauroux, il fut en butte à son ressentiment ; & si elle ne fût pas morte, sa disgrace étoit assurée. Elle ne l'appeloit que le *Comte Faquinet.* Le Comte de Maurepas avoit du goût pour les Lettres, & s'occupa avec une société intime de gens d'esprit, tels que M. de Caylus & de Pontevêle, à la composition de quelques ouvrages frivoles, mais qui sont pleins d'esprit & de gaieté. Il eut grande part à un ouvrage de ce genre, appelé les Etrennes de la Saint-Jean, & à des parades. Il ne put contenir son génie, porté à la raillerie ; & des plaisanteries, répétées contre Madame de Pompadour, & un mauvais couplet de chanson, le firent disgracier & exiler avec dureté. Chemin faisant, un homme, qui ignoroit sa disgrace, s'approcha de lui pour lui parler d'affaires. Permettez, Monseigneur, que, quoique vous soyiez en route.... ah, Monsieur! dites *en déroute*, répondit le Ministre. Il abondoit en bon mots, en saillies. Il obtint dans la suite avec peine de revenir à Paris, & il s'acquit, pendant sa disgrace, une grande considération. Il s'appliqua aux Belles-Lettres, étudia l'Anglois, & se rendit l'arbitre des différends qui survenoient parmi les gens considérables. Il aimoit à se mêler des affaires de famille, à recevoir des confidences, à négocier des mariages; ceux qui le consultoient, trouvoient en lui un conseil éclairé & les ressources d'un esprit fécond en moyens. Il connoissoit toutes les familles de la Cour, les prérogatives de toutes les nuances, qui séparent les divers états de la société, ainsi que le ton du monde. Il pressentoit avec sagacité les effets d'une démarche, & avoit l'art de saisir les convenances fugitives du moment. Le Comte de Maurepas s'étoit fait ainsi une espèce de ministère, en devenant le conseil des personnes les plus considérables. Quand on étoit embarrassé sur une démarche délicate à faire, on disoit, il faut en parler à M. *de Maurepas*, & il donnoit presque toujours un bon conseil, & trouvoit des biais pour concilier les partis opposés, ou fournissoit des expédiens, auxquels on n'avoit pas songé.

Le Dauphin étoit sensible à l'esprit, & opposé à Madame de Pompadour. Le Comte de Maurepas, qui étoit mal avec elle & homme d'esprit, avoit ainsi un double titre à son estime. Les sœurs du Dauphin partageoient les sentimens de leur frère pour ce Ministre, & à la mort de Louis XV, elles déterminèrent son rappel au Conseil. Il paroît que le Roi ne comptoit point lui donner l'existence d'un premier Ministre; quelques personnes ont dit, que s'étant rendu à Choisy pour faire des remercîmens au Roi, il lui exprima sa sensibilité, de la confiance qu'il lui témoignoit en le faisant son premier Ministre,

& que le Roi lui ayant dit que ce n'étoit point ſon intention, M. de Maurepas lui repliqua : *Votre Majeſté m'a donc appelé pour lui apprendre à s'en paſſer.* Son âge & ſon expérience ſembloient lui aſſurer la part principale aux affaires ; mais tout fut décidé par l'appartement qui avoit une communication avec celui du Roi. Louis XVI prit l'habitude d'aller chez lui, & dès-lors il fut de fait premier Miniſtre. On s'adreſſoit à lui pour tout ; & comme il aimoit à ſe mêler de toutes les affaires & à cauſer, il recevoit bien tout le monde, entroit dans le détail de la fortune & des projets de tous ceux qui s'adreſſoient à lui. Son accès étoit facile, ſes gens humbles & modeſtement vêtus, il n'avoit qu'un Secrétaire également modeſte, & qu'on connoiſſoit à peine. Inſenſiblement il amena les Miniſtres à lui porter tous les jours leur travail, avant de ſe rendre chez le Roi, & à travailler avec lui en ſa préſence. Déſintéreſſé, il eut à peine cent mille francs de traitement ; & comme il étoit riche par lui-même, cette ſomme lui ſuffiſoit pour tenir un état honorable & ſans faſte. Le Comte de Maurepas avoit dans un âge avancé cette légèreté qui eſt l'attribut de la jeuneſſe ; & dans les plus importantes affaires, il mêloit un ton de plaiſanterie, ſouvent nuiſible à leur diſcuſſion. Les intérêts de la France étoient pour lui circonſcrits dans la ſphère étroite des jours qui lui reſtoient, & il n'auroit pas entrepris quelque chose d'utile, dont le succès eût été éloigné. Porté, par amour pour la nouveauté, à favoriser tous les gens à projets, il leur accordoit toute l'attention qu'ils pouvoient exiger. Il y avoit en lui deux hommes, celui qui voyoit, & celui qui vouloit. Le premier étoit pénétrant, éclairé, & l'autre changeant & irrésolu. Personne, mieux que lui, n'avoit l'art de déconcerter une intrigue ; & l'expression de *déjouer* sembloit avoir été inventée pour définir le talent qu'il avoit de donner le change & de faire avorter un dessein. Il étoit vindicatif, & son caractère n'avoit de suite que lorsqu'il haïssoit. Un trait, que je vais rapporter, peindra en peu de mots son mépris de l'opinion des hommes & des affaires. Le Marquis de Poyanne, Lieutenant-Général & ancien militaire, étant un jour à souper à côté de lui, cet Officier lui dit : M. le Comte, quel est ce jeune homme, qui est au bout de la table, & qui paroît être de la maison ? il est Militaire, à ce que je vois, & je suis surpris de ne pas le connoître. *Tant pis pour vous, lui dit M. de Maurepas, car c'est l'homme le plus important qu'il y ait en France. Il est l'amant de ma cousine *** qu'il gouverne ; ma cousine gouverne ma femme, laquelle me gouverne, & je gouverne la France.* Tout cela étoit exactement vrai ; & il parloit de lui, comme auroit pu faire un de ses ennemis.

Avec

Avec un tel caractère, il étoit impossible que le Comte de Maurepas mît beaucoup d'importance aux affaires, & qu'il eût un système suivi. Le Gouvernement d'un grand royaume étoit pour lui un amusement. Indifférent pour ce qui arriveroit après lui, il plaçoit en quelque sorte en viager la gloire & la fortune de l'Etat.

Il voyoit, avec une grande sagacité, les inconvéniens qui résultoient de la préférence donnée par la Reine à une vie privée sur la Majesté de la représentation royale; mais sa légèreté ne permettoit pas qu'il s'occupât d'y remédier. Il se contentoit de plaisanter, quand il auroit pu contenir, par de sages conseils & de graves remontrances. C'est ainsi qu'un homme, qui avoit le génie & l'expérience nécessaires pour le Gouvernement d'un grand Empire, a laissé germer les principes de la plus surprenante Révolution, qu'il auroit pu étouffer dès l'origine.

M. TURGOT.

M. Turgot étoit d'une ancienne Nobleſſe, & qui remontoit au temps de l'antique chevalerie; mais ſes pères, contre l'uſage, étoient entrés dans la Magiſtrature & avoient été revêtus de charges importantes. Ce Miniſtre avoit une figure belle & majeſtueuſe & des manières ſimples; il rougiſſoit facilement, dès qu'il fixoit l'attention, & qu'il étoit en ſcène; & l'embarras qui régnoit alors dans ſon maintien, pouvoit également être le produit de la timidité ou d'un amour-propre inquiet & ſuſceptible. Son abord étoit froid, & ſon viſage prenoit une expreſſion marquée de dédain, à l'inſtant que les perſonnes excitoient en lui ce ſentiment par leur caractère ou leurs opinions. Avide de connoiſſances & laborieux, il ne fut jamais diſtrait de l'étude par les plaiſirs, ni par le ſoin de ſa fortune. La ſcience de l'économie-politique occupoit les eſprits, lorſqu'il entra dans le monde; & ſon application aux matières dont elle traite, le mit, en peu de temps, au nombre des perſonnes les plus inſtruites. M. Turgot fut regardé comme un des plus zélés partiſans de la liberté. Nommé à l'Intendance de Limoges, il ſe diſtingua par ſon zèle pour l'intérêt du Peuple; occupé de le ſoulager, il ne trouva rien de plus pressant que la suppression de la Corvée ; son courage surmonta la résistance du Gouvernement attaché à l'ancien usage ; & l'ardeur de son zèle, qui le faisoit entrer dans tous les détails, applanit toutes les difficultés. Les craintes malheureusement trop fondées du Peuple, inquiet de toute innovation, ne furent pas un des moindres obstacles qui s'opposèrent à un projet, dicté par amour pour ce même Peuple. Le succès couronna cette généreuse entreprise ; le fardeau du Peuple fut diminué, la classe indigente fut affranchie d'une tâche, qui tenoit de la servitude ; & les chemins furent construits avec moins de frais, plus de solidité & de promptitude. Les soins de l'Administration n'empêchoient pas M. Turgot de se livrer aux Lettres & à l'étude des sciences exactes ; il composa plusieurs articles pour l'Encyclopédie & un ouvrage sur l'Economie-politique, qui contient d'excellens principes & qui est écrit avec une élégante simplicité ; il s'occupa aussi d'un genre de poésie qu'il appela *métrique*, & qui consiste à faire en françois des vers, scandés comme les vers latins. M. Turgot traduisit ainsi quelques églogues de Virgile, mais la quantité n'est point assez marquée dans les mots de la langue françoise, pour que ce rithme puisse être adopté. M. Turgot avoit un talent supérieur pour la poésie, qui fut pendant sa vie un secret, révélé seulement à quelques amis intimes ; & ce myſtère fait l'éloge du caractère de M. Turgot, qui a ſu réſiſter aux tentations de l'amour-propre, toujours ſi avide de jouiſſance, même au dépens du repos. C'eſt après ſa mort qu'on a ſu qu'il étoit l'auteur d'une pièce de vers ſur le traité de Verſailles, dont le danger & les inconvéniens ſont peints des plus fortes couleurs; ces vers ont été imprimés depuis, ainſi que d'autres attribués à Voltaire dans le temps, & parmi leſquels ſe trouvent ces vers énergiques, contre le rapporteur de l'affaire de M. de Lally :

Ses yeux, où la férocité
Prête de l'ame à la ſtupidité.

Tout le monde ſait que c'eſt auſſi M. Turgot, qui a fait ce vers ſublime qui ſert d'inſcription au portrait de Francklin :

Eripuit cœlo fulmen ſceptrumque tyrannis (1).

A l'avènement du Roi au Trône, la voix publique fut conſultée pour le choix des Miniſtres. M. Turgot fut nommé Secrétaire d'Etat de la Marine, & ſix

(1) Le vers de M. Turgot eſt véritablement beau; mais en conſidérant le ſujet, il doit paroître extraordinaire que ce Miniſtre, l'un des plus zélés partiſans de la Monarchie, ait caractériſé de tyran, un Monarque contre lequel s'étoit révoltée une partie de ſes ſujets. C'eſt ainſi que ſouvent la rencontre d'une penſée heureuſe entraine un écrivain, à contredire ſes propres ſentimens.

ſemaines après, Miniſtre des Finances. L'abolition des droits ſur les blés, & de toutes les entraves qui gênent l'induſtrie & la liberté indéfinie du commerce des grains, ſignalèrent le court eſpace de ſon adminiſtration. Enfin la ſuppreſſion des corvées dans tout le Royaume, dont il s'étoit ſi longtemps occupé, fut la dernière de ſes opérations. Le Clergé, la Nobleſſe & les Parlemens s'élevèrent contre cet acte d'une bienfaiſance éclairée. Le premier Miniſtre commençoit à être jaloux de l'aſcendant que les lumières & la vertu procuroient à M. Turgot; & loin de ſoutenir cet homme vertueux, il accueillit des réclamations dictées par l'intérêt & par d'aveugles préjugés. M. Turgot fut diſgracié, & l'on peut lui appliquer ce vers :

Non homo pulſus erat, ſed in uno pulſa poteſtas
virtutiſque decus.

M. Turgot n'avoit d'ennemis que ceux du bien public, & ne regretta de ſa place, que le bien qu'il auroit pu y faire. Un mois avant ſa diſgrace, le Roi avoit dit : *il n'y a que M. Turgot & moi qui aimions le Peuple.* M. Turgot s'occupa, dans ſa retraite, des ſciences & des lettres, & vécut au milieu d'un petit cercle d'amis, dont l'attachement étoit un culte; c'étoit être ami de la vertu, que d'être ami de M. Turgot. Il ne ſavoit point compoſer avec les foibleſſes des hommes, & encore moins avec le vice. Incapable d'art & de ménagement, il alloit droit à son but & n'avoit point assez d'égards pour l'amour-propre. M. Turgot agissoit comme un Chirurgien qui opère sur les cadavres, & ne songeoit pas qu'il opéroit sur des êtres sensibles. Il ne voyoit que les choses & ne s'occupoit point assez des personnes. Cette apparente dureté avoit pour principe la pureté de son ame, qui lui peignoit les hommes comme animés d'un égal desir du bien public, ou comme des frippons qui ne méritoient aucun ménagement. Lorsque son Edit sur les corvées fut signé du Roi, on l'engagea à dîner avec le premier Président du Parlement & quelques-uns des principaux Membres de ce Corps, dans l'idée de le mettre à portée de les disposer favorablement par des prévenances, qui, de la part d'un homme en place, avoient alors tant de poids : M. Turgot dit quelques paroles, d'un air froid & sententieux. Un de ses amis voulant à plusieurs reprises l'engager à faire des avances & des politesses plus marquées, lui dit, c'est le moyen de faire passer votre Edit ; *si le Parlement veut le bien*, répondit M. Turgot, *il enregistrera l'Edit ;* & il continua à garder ses manières froides & réservées. L'austérité de caractère, qui ne lui permettoit pas d'user de souplesse & de ménagemens pour assurer le succès de ses opérations, a fait dire de lui, par opposition à l'Abbé Terray, *qu'il faisoit fort mal le bien, & l'Abbé fort bien le mal.*

La vertu la plus pure, des mœurs sévères sans pédanterie, des connoissances profondes dans l'Administration, des talens qui feroient honneur à un homme de Lettres, un cœur sensible à l'amitié, un amour passionné pour le bien public & l'humanité, formoient l'assemblage des vertus & des qualités de ce Ministre, que le Ciel, dans sa bonté, avoit accordé à la France & dont l'a privée son mauvais destin. Il mourut peu d'années après, laissant une mémoire chère à quelques amis, & une réputation qui n'a fait que s'accroître avec le temps & à mesure que des successeurs sans talens ou sans probité & nos malheurs ont fait connoître l'étendue de la perte qu'on avoit faite. S'il eût vécu, l'estime générale, & non un esprit de cabale, l'opinion publique, & non cette effervescence excitée & dirigée par des intrigans & d'aveugles enthousiastes, auroient fait peut-être rappeler ce Ministre; & qui peut dire ce qu'auroit produit l'ascendant de la vertu? J'ai connu ce Ministre, sans être son ami particulier, & je me plais à rendre hommage à son austère probité & à ses lumières.

Tacite, en peignant Agricola, éprouvoit un sentiment de douceur & de plaisir; & après avoir peint le charlatanisme, l'hypocrisie politique & l'aveugle ambition, je sens, comme Tacite, une douce satisfaction, un agréable délassement de l'ame, en montrant la vertu dans tout son jour.

LE COMTE DE S. GERMAIN.

Le Comte de Saint-Germain a joui d'une grande réputation militaire ; cependant il n'a jamais commandé en chef, il n'a point eu de ſuccès éclatans. Il quitta le ſervice de France par jalouſie, par humeur. Appelé en Dannemarck, pour préſider au Directoire de la guerre, il changea, bouleverſa toute la Conſtitution. Forcé de ſe retirer, la défiance naturelle de ſon caractère lui fit préférer à des penſions une ſomme d'argent comptant. Il la plaça ſur des négocians qui lui firent banqueroute ; c'eſt alors qu'il ſe trouva réduit à la dernière misère ; & un homme, qui avoit commandé dans de grandes provinces, qui avoit été Général, Miniſtre, n'avoit pas ſa ſubſiſtance aſſurée. Les Officiers Allemands, qui étoient au ſervice de France, voulurent ſe côtiſer pour lui faire un ſort. Le Miniſtère de France crut devoir, par honneur en quelque ſorte, venir à ſon ſecours, & le Roi lui accorda une penſion de dix mille livres. Pour témoignage de ſa reconnoiſſance d'un pareil bienfait, il adreſſa au Roi un mémoire ſur la conſtitution militaire. Des lieux communs ſur la religion & la morale, dignes d'un Capucin ; des idées vagues, des phraſes triviales sur la discipline & des moyens tirés de la constitution allemande, sans aucune intelligence des mœurs françoises, de l'esprit national, de la cour; voilà ce que contient ce mémoire. Au moment où il fut envoyé, le Maréchal Dumuy venoit de mourir; c'étoit un homme ferme, jusqu'à l'entêtement, vertueux, instruit, qui avoit de l'esprit, mais une tête étroite & remplie de préjugés religieux. Sa réputation de vertu, ses connoissances, l'amitié du Dauphin pour lui, avoient déterminé la confiance du Roi & il avoit de l'ascendant sur son esprit. On chercha un homme qui ne fût pas à portée d'acquérir un grand crédit, qui n'eût ni liaison ni parenté à la Cour; un homme, qui fût isolé, qui ne fût attaché à aucun parti, & qui, par ses talens, justifiât cependant le choix qu'on feroit de lui. Le Comte de Saint-Germain remplissoit en apparence tous ces objets; il venoit de faire un mémoire sur le Militaire, qui, d'après son nom, fut jugé excellent; & un Abbé Dubois fut dépêché à Lauterbach pour lui annoncer qu'il étoit Ministre de la Guerre. Jamais révolution plus complette ne fut éprouvée. De la misère il passoit à la richesse, de l'anéantissement au plus grand pouvoir. Arrivé à Fontainebleau, il y reçut l'accueil le plus flatteur; l'enthousiasme public se joignit aux hommages des courtisans. Sa célébrité, ses malheurs, sa réputation d'esprit donnoient l'opinion la plus avantageuse de son ministère ; on le voyoit déjà, après avoir formé un Militaire, le commander à la guerre, & réunir les talens de Louvois & de Turenne. Mais le Ministère est une pierre de touche pour les talens & le caractère. Sa réputation fut bientôt comme l'existence de l'impie.

J'ai passé & il n'étoit déjà plus.

Il donna des projets sans les avoir médités (1), il

---

(1) M. de Saint-Germain réforma les Mousquetaires, les Gendarmes, les Chevau-légers, parce que, trompé par la magnificence de leurs habits & la beauté des chevaux, il supposa que ces troupes étoient très-dispendieuses. Il ne daigna pas s'en informer, & il apprit, lorsque leur destruction fut consommée, que chacun d'eux ne recevoit du Roi que quarante sols par jour environ, pour s'entretenir de chevaux & d'habits & pour leur paye ; & que par conséquent il n'y avoit pas de Régiment de cavalerie, dont l'entretien ne fût plus coûteux.

Il fit une réforme bizarre dans les Gardes-du-Corps, par un esprit d'économie, & le résultat fut une augmentation de dépense de trois cent trente-six mille livres.

Il blâmoit la constitution de la Gendarmerie, & augmenta sans mesure les abus dont il se plaignoit, par une ordonnance qui donnoit à tous les Gendarmes le rang de Lieutenant.

J'ai dit qu'il étoit haineux & vindicatif, & je vais rap-

tion d'esprit donnoient l'opinion la plus avantageuse de son ministère ; on le voyoit déjà, après avoir formé un Militaire, le commander à la guerre, & réunir les talens de Louvois & de Turenne. Mais le Ministère est une pierre de touche pour les talens & le caractère. Sa réputation fut bientôt comme l'existence de l'impie.

J'ai passé & il n'étoit déjà plus.

Il donna des projets sans les avoir médités (1), il

(1) M. de Saint-Germain réforma les Mousquetaires, les Gendarmes, les Chevau-légers, parce que, trompé par la magnificence de leurs habits & la beauté des chevaux, il supposa que ces troupes étoient très-dispendieuses. Il ne daigna pas s'en informer, & il apprit, lorsque leur destruction fut consommée, que chacun d'eux ne recevoit du Roi que quarante sols par jour environ, pour s'entretenir de chevaux & d'habits & pour leur paye ; & que par conséquent il n'y avoit pas de Régiment de cavalerie, dont l'entretien ne fût plus coûteux.

Il fit une réforme bizarre dans les Gardes-du-Corps, par un esprit d'économie, & le résultat fut une augmentation de dépense de trois cent trente-six mille livres.

Il blâmoit la constitution de la Gendarmerie, & augmenta sans mesure les abus dont il se plaignoit, par une ordonnance qui donnoit à tous les Gendarmes le rang de Lieutenant.

J'ai dit qu'il étoit haineux & vindicatif, & je vais rap-

les exécuta avec précipitation ; il écouta tous les gens, qui s'empressent d'arracher la confiance d'un Ministre & trafiquent de leur accès.

---

porter un trait qui caractérise & son esprit vindicatif & son injustice.

Je fus appelé un jour par lui, pour discuter un plan de réforme de l'Administration des Invalides : dans les différens articles de suppression d'emplois, étoit celui d'Intendant des Invalides, exercé par M. de Chaumont. Le rapporteur motivoit cette suppression sur la nécessité de ramener l'Administration de cet hôtel à son institution, & il articuloit qu'il n'étoit point établi d'Intendant dans les Lettres patentes données par Louis XIV, qu'il n'y avoit qu'un Directeur ; & qu'en rétablissant cette place, on se conformeroit aux intentions du fondateur. Je n'eus rien à répliquer, & l'Intendant fut rayé.

A peine étois-je rentré chez moi, que je vis arriver M. de Chaumont, instruit de la suppression de son emploi ; je lui en expliquai les motifs. Il me dit que c'étoit une erreur de mots ; que son brevet, qu'il me montra, ne portoit que le titre de *Directeur*, & que celui d'*Intendant* ne lui avoit été donné dans le monde que par un usage dont il ne connoissoit pas le principe ; qu'enfin il étoit *Directeur* & devoit être conservé, puisque cette place subsistoit. Ces raisons étoient sans replique, & je m'empressai d'en rendre compte à M. le Comte de Saint-Germain, en lui disant que j'étois assez heureux pour l'empêcher de commettre une injustice, qu'il ignoroit. Il persista malgré mes raisons ou plutôt démonstrations ; & pressé par mes argumens sans replique, il me dit que j'avois raison, mais qu'il

Il fit des ordonnances & y laiſſa mettre des reſtrictions qui les anéantiſſoient ; il prétendit faire des économies & augmenta les dépenſes. Il affichoit dans ſes diſcours, l'héroïſme, la vertu, & il s'aviliſſoit en ſecret par des baſſeſſes (1). Il montra enfin tous les genres de foibleſſes, excepté celles qui tiennent à un cœur ſenſible. Après avoir ſommairement expoſé ſa conduite, je vais tracer ſon portrait. Le Comte de Saint-Germain avoit une phyſionomie ſpirituelle & qui avoit plus de fineſſe que de feu ; des manières polies & affectueuſes, & qui avoient quelque choſe de l'hypocriſie & du jéſuite. Il avoit de l'eſprit, mais ſes qualités n'étoient ni l'étendue, ni la force, mais de la conception juſqu'à une certaine hauteur. Il avoit de l'agré-

---

vouloit deſtituer M. de Chaumont, parce que c'étoit une créature du Duc de Choiſeul, & qu'il lui avoit même prêté quatre cent mille livres. Je me contentai de lui montrer par mon ſilence profond, combien j'étois conſterné de l'aveu naïf de ſes iniques diſpoſitions.

(1) Tandis qu'il parloit de ſa modération, de ſon déſintéreſſement, il refuſoit l'offre qu'on lui avoit faite de le meubler aux dépens du Roi, & demanda cent mille écus pour ſon établiſſement à la Cour. Le Miniſtre des Finances trouva cette ſomme exorbitante & lui fit des repréſentations ; mais M. de Saint-Germain inſiſta pour qu'elle lui fût comptée, & il économiſa ſur cette ſomme quarante mille écus, qu'il plaça chez l'étranger.

tout ce qui ne lui étoit pas favorable, confiant, abandonné, pour communiquer tout ce qui flattoit son amour-propre. Il ne parloit jamais de ses craintes les plus fondées, de ses mauvais succès, n'avoit jamais recours au conseil de ses amis, dans les circonstances embarrassantes où il se trouvoit; mais il auroit dit le secret de l'Etat, pour manifester une marque de confiance du Roi.

LE MARQUIS DE PESAI.

LORSQU'UN homme, par ſes intrigues, a déterminé de grands évènemens, il eſt intéreſſant d'en parler, pour faire connoître les mœurs d'une Cour & le caractère des perſonnes ſur leſquelles il a influé. M. Maſſon de Peſai étoit fils d'un premier Commis des Finances, qui ne laiſſa qu'une très-petite fortune. Il avoit deux enfans, une fille & un garçon; la fille fut mariée à M. de C.... elle étoit d'une très-jolie figure, avoit de l'eſprit & poſſédoit, au ſouverain degré, l'eſprit d'intrigue. Madame de C.... trouva dans la galanterie des reſſources pour ſuppléer à la médiocrité de ſa fortune, & elle eut pour amans des perſonnes conſidérables. L'amour n'étoit pas le ſeul lien qui attachât à Madame de C.... ; ſes amans mettoient à profit ſes talens pour l'intrigue. Une femme, jolie & ſpirituelle, fait pénétrer aiſément dans le cabinet des Miniſtres & des Gens en place; elle poſsède, tant que dure ſa beauté, des moyens d'entraîner les hommes & de les faire concourir à ſon but. Quand elle avance en âge, les anciennes relations qu'elle a ſu entretenir, lui ſont encore utiles; ſon expérience ſert à l'éclairer ſur les foibles des hommes, elle s'aſſocie à des femmes plus jeunes, s'empreſſe d'être leur confidente & conserve encore de l'empire dans le monde, si elle joint de l'adresse & du manège à une activité soutenue. Telle étoit Madame de C.... ; elle a eu part aux plus grandes intrigues, sous le règne de Louis XV, & s'étant ensuite entièrement dévouée au Comte de Maillebois, qu'elle a suivi en Hollande, elle a été la confidente & l'instrument de ses pro ets. Son frère, M. Masson de Pesai, avoit de l'esprit, une figure agréable & du talent pour écrire en vers & en prose. Il débuta sous les auspices de sa sœur; &, pour ne pas laisser de trace de son origine bourgeoise, quitta le nom de Masson & se fit appeler le Marquis de *Pesai*. Il entra dans le Militaire, & sa sœur le mit à portée d'être connu de personnes considérables par leur rang & leur naissance, & le façonna de bonne heure à l'intrigue. Le Marquis de Pesai se livra à la Littérature & pour occuper ses loisirs & pour obtenir quelques succès dans le monde. Il devint l'ami intime de Dorat; & ces deux poètes, à l'exemple de Bachaumont & Chapelle, firent imprimer leurs vers en commun. Leurs poésies parurent avec tout le luxe de la typographie & de la gravure; c'étoient des épitres à Iris, des héroïdes, des vers sur des jouissances, sur des ruptures, dans lesquels les deux amis se croyant les Anacréons, les Ovides, les Catulles du siècle, parloient sans cesse de leurs bonnes fortunes; ils s'érigeoient en petits volages, traitoient

traitoient les femmes tantôt avec tendresse, tantôt avec légèreté, & rappeloient ces vers du pauvre diable :

« *Je* célébrois les faveurs de Glycère,
» De qui jamais n'approcha ma misère ».

C'est dans une de leurs pièces que se trouve ce vers ridicule :

Il est passé le temps des cinq maîtresses.

Les peintures qu'ils présentoient des moeurs de la capitale, étoient fades & outrées ; mais les auteurs avoient quelque talent & une malheureuse facilité (1).

Le Marquis de Pesai s'attacha au Comte de Maillebois, homme distingué par ses talens militaires, ses agrémens, son esprit, ses malheurs. Il ouvrit

---

(1) Voici une anecdote certaine & qu'on tient du Chevalier de Bonnard, leur ami commun, faisant comme eux des vers légers & poésies fugitives. Un soir Dorat rentrant tard pour coucher, trouva Pesai occupé à travailler à des matières d'Administration. « Que diable fais-tu là, » es-tu fou, dit Dorat, prends ton violon, fais un couplet, & laisses-moi tout ce fatras. Mon ami, répond » Pesai, je veux être Lieutenant-Général & Ministre à » quarante ans, je n'ai pas de temps à perdre ». Il étoit en bon chemin, & il y fut arrivé s'il avoit eu plus de tête & n'eut pas été trop enivré de ses premiers succès.

Cette note n'est pas de l'Auteur.

au Marquis de Pesai ses portefeuilles, remplis de mémoires intéressans sur diverses opérations militaires, sur le génie & l'artillerie, la tactique & la discipline. M. de Pesai, né avec une conception vive & le talent de profiter des connoissances des autres & de les présenter avec clarté, profita de ce moyen précieux de s'instruire. Il mit en ordre toutes les pièces relatives au Maréchal de Maillebois & en composa un ouvrage, qu'il fit imprimer sous le titre de *Campagnes de Maillebois.* L'intrigue, le bel esprit, le crédit de Madame de C.... & de ses amis, soutenoient le Marquis de Pesai & lui procuroient des ressources passagères; mais il étoit bien loin d'être même dans l'aisance, & il crut, à l'avènement du Roi au Trône, avoir trouvé le moyen assuré d'une grande fortune. On annonçoit Louis XVI comme un homme sévère & occupé uniquement du bien de ses Peuples. Le Marquis de Pesai imagina qu'en adressant au Roi des mémoires propres à seconder ses vues & des moyens de soulager le Peuple, il fixeroit l'attention du Roi & obtiendroit ensuite une part dans sa confiance, qui le conduiroit à une place considérable. Il écrivit au Roi une lettre qui contenoit plusieurs avis intéressans pour le moment, & dans laquelle il en annonçoit d'autres, au cas que le Roi agréât qu'il multipliât les témoignages de son zèle. Il ne signa point son nom, mais il eut soin dans le même temps de causer, avec M. de Sartine, des objets renfermés dans sa lettre. Il étoit persuadé que le Roi s'adresseroit au Lieutenant de Police, pour découvrir l'auteur, & que celui-ci, d'après la conversation dont j'ai parlé, fixeroit ses idées sur lui, & le désigneroit sans qu'il se fît connoître. La chose arriva comme il l'avoit prévue; le Roi montra la lettre à M. de Sartine, pour savoir celui qui l'avoit écrite; & M. de Sartine, après l'avoir lue, se ressouvint de sa conversation avec M. de Pesai. Les idées étoient les mêmes, & il n'hésita pas de dire au Roi que M. de Pesai devoit être l'auteur de la lettre. Le Roi en parla avec éloge à M. de Sartine, qui rendit un témoignage avantageux de l'auteur, & le représenta comme un homme d'esprit, qui avoit de l'instruction & de la probité. Le Marquis de Pesai retourna chez M. de Sartine, afin de juger par son accueil, de l'effet de sa lettre sur le Roi. Il connut promptement aux politesses qu'on lui fit, à l'empressement qu'on lui témoigna, à l'attention particulière qu'on prêta à ses discours, que le Roi étoit favorablement disposé pour lui. Il continua dès-lors à écrire au Roi, & ce fut d'après les suggestions du Marquis de Pesai, que le Roi se détermina à renvoyer l'Abbé Terrai. Le Roi pendant quelque temps ne répondit point à ses lettres, & le Marquis de Pesai lui écrivit un jour, qu'il étoit inquiet de son silence & desiroit être rassuré pour continuer à lui ſoumettre les idées que lui dictoit ſon zèle ; il finiſſoit par ſupplier le Roi que dans le cas où il approuveroit ſa correſpondance, il daignât, pour lui en donner la preuve, s'arrêter un inſtant à la troiſième croiſée d'une pièce, par laquelle il paſſoit pour aller à vêpres. Le marquis de Peſai ſe rendit, au jour fixé, à l'endroit déſigné, & vit avec ſatisfaction le Roi s'arrêter devant la croiſée. M. de Maurepas fut inſtruit de cette correſpondance, & accueillit avec diſtinction le Marquis de Peſai. M. de Sartine, devenu Miniſtre, lui accorda un accès facile auprès de lui & le conſulta dans pluſieurs circonſtances. Le Marquis de Peſai, qui avoit du talent pour écrire & une teinture de ſavoir ſur pluſieurs objets de l'Adminiſtration, compoſa des mémoires relatifs aux affaires de ce temps; il s'adreſſoit à des perſonnes inſtruites pour acquérir des connoiſſances de détail & ſavoit faire uſage de leurs idées avec habileté, les diviſer, les claſſer & enfin les préſenter avec un art qui prévenoit en ſa faveur & lui faiſoit ſuppoſer une grande capacité. Le Roi liſoit ces lettres avec intérêt ; le premier Miniſtre de la Marine le conſultoit, & tant de diſpoſitions favorables lui offroient la perſpective d'une fortune brillante. Mais il falloit pourvoir aux beſoins du moment, trouver des reſſources pour ſe ſoutenir dans un état décent, & éviter de se discréditer en sollicitant de petites graces pécuniaires. Le génie intrigant du Marquis de Pesai lui inspira l'idée de s'adresser à Necker, homme riche & tourmenté d'une secrète ambition ; il pensa, qu'en lui offrant son crédit pour servir ses vues, il obtiendroit en échange les fonds qui lui étoient nécessaires. C'est ici que le Marquis de Pesai devient véritablement intéressant ; c'est en ce moment que ses intrigues vont commencer à influer sur les affaires, & qu'elles deviennent le principe de la Révolution de la France.

Le Marquis de Pesai aimoit, comme je l'ai dit, la Littérature & composoit de petits vers ; il avoit fait aussi un ouvrage, intitulé : *les Soirées helvétiennes*, &, à titre de bel esprit, il étoit depuis quelque temps admis dans la société de M. Necker, qui cherchoit à se faire un parti parmi les Gens de Lettres, dont il reconnoissoit la domination dans la société. Madame Necker, espèce d'érudite, qui avoit eu besoin de s'instruire pour subsister, avoit fait de sa maison un bureau d'esprit. Elle y dissertoit pesamment ; mais si elle n'avoit ni grace, ni légèreté dans l'esprit, elle avoit beaucoup d'adresse pour l'intrigue ; elle savoit attirer à son mari des partisans, par ses empressemens, ses louanges exagérées & de petits services rendus à propos. Le Marquis de Pesai fit confidence à M. Necker de la correſpondance qu'il avoit avec le Roi, & dès ce moment la caiſſe du Banquier lui fut ouverte. Peu de temps après, le Comte de Saint-Germain, déſerteur de l'Armée françoiſe, fut appelé au Miniſtère de la Guerre. Tous les gens ſenſés blâmèrent un choix qui étoit d'un ſi mauvais exemple; mais le public frappé du ſpectacle inattendu que lui offroit le rappel d'un général célèbre & malheureux, applaudit à ſon retour. Les troupes, pénétrées d'eſtime pour le Comte de Saint-Germain, furent charmées d'avoir pour Miniſtre un Militaire qui s'étoit fait un grand nom à la guerre; on croyoit voir Cincinnatus quittant ſa charrue pour commander une Armée. Il fut queſtion d'établir un Conſeil de guerre; & parmi ceux qui s'étoient mis ſur les rangs pour être de ce Conſeil, étoit le Prince de Montbarrey. Sa femme étoit de la maiſon de Mailly, & le Comte de Maurepas, qui tenoit à cette maiſon par alliance & s'en faiſoit honneur, protégeoit le Prince de Montbarrey & lui avoit promis une place dans le Conſeil de guerre. Cet établiſſement n'eut pas lieu, par les obſtacles que fit naître le nouveau Miniſtre, qui craignoit l'affoibliſſement de ſon autorité. Le Prince de Montbarrey ſollicita alors la place de Directeur-Général de la Guerre, & le Marquis de Peſai le ſervit efficacement, pour faire créer en ſa faveur cet emploi.

L'horison de ses projets devenoit de jour en jour plus vaste ; le Comte de Saint-Germain se discréditoit & ne pouvoit rester long-temps en place. Le Marquis de Pesai avoit imaginé de faire le Prince de Montbarrey, Directeur de la Guerre, afin de familiariser le public avec son élévation à la place de Secrétaire d'Etat de la Guerre ; par ce moyen il se rendoit en quelque sorte le maître du Département de la Guerre, & s'assuroit un prompt avancement dans le Militaire & des graces pécuniaires. Occupé de ce projet, il ne perdoit point de vue M. Necker, qui fondoit sur lui l'espoir de son élévation, & lui prodiguoit les plus solides marques de reconnoissance. Necker à portée de se procurer des renseignemens sur l'état des Finances, composa des mémoires propres à séduire le Roi & son premier Ministre par la perspective des plus grandes ressources, & le Marquis de Pesai se chargea de les faire parvenir au Roi : il y joignit une lettre, dans laquelle il exposoit qu'il s'étoit long-temps appliqué à plusieurs parties de l'Administration, mais qu'il n'avoit sur les Finances que des notions imparfaites ; que desirant se rendre utile au Roi & justifier sa confiance, il s'étoit adressé à l'homme le plus instruit dans cette partie & qui connoissoit à fond, par la théorie & l'expérience, les élémens & le mécanisme du crédit public. La lettre du

Marquis de Pesai & les mémoires de Necker furent communiqués au premier Ministre, dispofé par caractère à adopter des idées nouvelles. Il commençoit à être inquiet du crédit de M. Turgot, & étoit bien-aife de se ménager des ressources ; il saisit avec empressement cette occasion de s'assurer en secret d'un homme éclairé dans les Finances, pour opposer ses idées à celles de Turgot. Necker comprit ses intentions & s'appliqua dès-lors à critiquer secrettement les opérations de Turgot & à le discréditer dans le public. Le Marquis de Pesai envoyoit ses mémoires & présentoit sans cesse Necker comme un génie transcendant dans la partie des Finances. Des services aussi signalés excitoient toute la reconnoissance de Necker, qui trouvoit, dans son immense fortune, des moyens de témoigner au Marquis de Pesai sa sensibilité; il ne négligeoit aucun moyen d'entretenir ces favorables dispositions : sa table, son esprit, son savoir, sa caisse étoient aux ordres de Pesai; & la femme du Banquier, par ses caresses, ses empressemens & ses louanges, tâchoit encore de rendre l'union plus intime. Le superbe Necker, enveloppé d'une redingotte, est venu plusieurs fois attendre, chez M. de Pesai au fond de la remise d'un cabriolet, le moment où il devoit revenir de Versailles. Quand on songe que le même homme a si souvent parlé dans ses écrits de la nobleſſe de ſes ſentimens, de ſon mépris pour l'intrigue; qu'il a tant de fois imprimé ces mots: *un homme de mon caractère*, & qu'on ſe le repréſente caché dans cette remiſe du cabriolet de Peſai, on ſe rappelle le bon Monſieur Tartuffe, tapi ſous la table de Madame Argante.

Le Marquis de Peſai, ſuivant avec conſtance ſes projets, trouva le moyen, dans l'eſpace d'une année à-peu-près, de faire nommer M. Necker, Miniſtre des Finances, & le Prince de Montbarrey, Secrétaire d'Etat de la Guerre. La bourſe de Necker lui reſta ouverte, & le cabinet du Miniſtre de la Guerre, ainſi que celui de la Marine, lui furent ſoumis. Il règnoit dans ces deux Départemens, dont les plus importantes affaires étoient quelquefois renvoyées à ſon examen; mais il étoit bien loin de la conſidération. Sa vie paſſée, ſes manières légères, ſes petits vers, un vernis de fatuité répandu ſur toute ſa perſonne, ne permettoient pas de voir en lui, un homme appelé aux grandes places. Le crédit, toujours ſi envié, ſi conſidéré, étoit en lui un ridicule; il fut ébloui de ſes ſuccès, enivré de ſa faveur, & ſa conduite peu circonſpecte & ſes indiſcrétions laſsèrent M. de Maurepas. On avoit créé pour lui un emploi d'Inſpecteur-Général des côtes, qui auroit pu être exercé par un Maréchal de France, & ſon traitement annuel étoit porté à *ſoixante mille francs.* Il épouſa une fille de qualité, belle, jeune & intéreſſante (Mademoiſelle de Rouget), & paroiſſoit enfin être dans le chemin de la plus brillante fortune ; mais il avoit perdu ſon crédit par ſes jactances & ſes indiſcrétions, & on fut bien aiſe de s'en débarraſer, en le faiſant partir pour ſon Inſpection. La rapidité de ſes étonnans ſuccès avoit porté le trouble dans ſa tête foible & légère ; il agit, il parla dans les provinces par où il paſſa, en Miniſtre tout-puiſſant & impérieux, en Louvois, & excita des plaintes multipliées contre lui. Il écrivit une lettre inſolente à l'Intendant de Bretagne, pour lui ordonner de ſe rendre auprès de lui ; cette lettre fut envoyée au Miniſtre, & il fut évident que le Marquis avoit perdu la tête. La perſpective d'une diſgrace prochaine lui cauſa une violente inquiétude, & il mourut preſque ſubitement, le cœur ſerré de chagrin, laiſſant une veuve jeune & intéreſſante, à laquelle on accorda huit mille livres de penſion (1).

(1) Il n'étoit pas encore mort, que des Agens de M. de Maurepas faiſoient chez lui le dépouillement & l'enlèvement de toute ſa Correſpondance miniſtérielle & même royale ; car il avoit eu du Roi des réponſes aux lettres qu'il lui avoit écrites, & l'auteur de cet ouvrage n'a pas ſu ou a oublié d'ajouter que le jour de l'anecdote de la croiſée, il avoit ſuivi le Roi dans ſon cabinet & eu avec lui une première converſation devant M. de Maurepas. On

Telle est l'histoire d'un petit-maître, poète & intrigant, qui, par de sourdes manœuvres, porta au Ministère un homme qui a fait le destin de la France; & c'est dans ce rapport qu'il est intéressant à faire connoître. Austère Sully, vertueux Turgot! les Pesai de votre temps n'ont point déterminé votre élévation.

---

tient encore ce fait du Chevalier de Bonnard, son ami intime, mort peu de temps après lui. *Cette note n'est pas de l'Auteur.*

NECKER.

NECKER, fils d'un Régent du Collége de Genève, vint à Paris pour y faire fortune; il entra chez un Banquier, &, de commis de ses bureaux, il devint son associé. Sa fortune, dans l'espace de douze ou quinze ans, surpassa celle des plus fortes maisons de banque, & son incroyable rapidité suffiroit seule pour en rendre la source suspecte. Les faits viennent à l'appui des soupçons légitimes qu'elle fait naître. Des traités frauduleux avec la Compagnie des Indes & des spéculations sur les fonds anglois, au moment de la paix de 1763, dont il fut instruit à l'avance, sont les principes de cette étonnante fortune, évaluée à six millions par les calculs les plus modérés. Sa conduite avec la Compagnie des Indes est trop connue, pour en retraçer ici le tableau; mais une circonstance relative à l'affaire de ses spéculations en Angleterre, mérite d'être rapportée. Un premier Commis des Affaires-Etrangères, favori de M. le Duc de Praslin, avoit connoissance, par sa place & par la confiance du Ministre, du prochain succès des négociations pour la paix; instruit avec certitude que les préliminaires étoient au moment d'être signés, il voulut mettre à profit cette connoissance & concerta son projet avec *Favier*, homme très-inſtruit des affaires de l'Europe. Ils convinrent enſemble de faire part de la notion aſſurée qu'ils avoient de la paix, à un riche capitaliſte en état de fournir des fonds pour acheter au plutôt des effets en Angleterre. Ces effets perdoient conſidérablement, & il étoit évident qu'ils remonteroient infailliblement à la première nouvelle de la paix. Les profits de la négociation devoient être partagés entre celui qui fourniſſoit les fonds & ceux qui donnoient l'avis important qui détermi-noit l'entrepriſe & en aſſuroit le ſuccès. On s'adreſſa à Necker, qui ſentit tout l'avantage du projet & ſe chargea des achats; on lui fit part enſuite d'un léger obſtacle qui s'oppoſoit à la paix, mais à l'arrivée du courrier ſuivant, les aſſociés s'empreſsèrent de l'inſtruire de la levée de cet obſtacle & de la certitude de la paix. Necker, dès le lendemain de leur première entrevue, avoit expédié pour Londres un courrier, chargé d'inſtructions pour ſes correſpondans, auxquels il marquoit de ne pas perdre un moment pour faire des achats conſidérables de fonds anglois. Il s'étoit auſſi engagé avec Favier & le premier Commis, à partager les bénéfices; mais ils différèrent à mettre par écrit leurs conditions, & Necker, qui avoit eu le temps de faire ſes réflexions & formé le projet de s'approprier en entier les bénéfices de la ſpéculation, annonça alors à ſes aſſociés qu'il avoit fait de nouvelles réflexions,

& que, quels que fussent les motifs de croire à la paix, elle pouvoit être retardée, & le retard l'exposer aux plus grands risques. Il ajouta qu'il avoit fait partir un second courrier, pour révoquer les ordres qu'il avoit donnés, & faire revendre, à tout prix, les effets achetés. Enfin, il fit valoir à ses associés, qu'il trompoit, la bonté qu'il avoit de ne point leur faire partager la perte. Indignés de son effronterie, mais forcés au secret, ils n'osèrent éclater, & se contentèrent de faire secrettement des perquisitions à Londres. Le résultat fut, que les effets n'avoient été revendus, qu'après la nouvelle certaine & publique de la paix, & que la vente avoit produit *quarante pour cent de bénéfice;* Necker s'assura ainsi d'un gain immense. C'est en trahissant ses associés, que Necker parvint, en peu d'années, à acquérir une grande fortune. La vanité commença alors à balancer dans l'ame de Necker l'avidité. Il songea à s'élever à quelque place de l'Administration; mais il ne porta pas ses vues pour le moment par de-là l'emploi de premier Commis des Finances. Impatient de sortir de la classe des Banquiers, il s'occupa d'acquérir une réputation littéraire, & la circonstance lui offrit un sujet à traiter, favorable à la fois & à son ambition & au desir qu'il avoit d'être compté parmi les Gens de Lettres. Il développa dans l'éloge de Colbert, un grand appareil de connoissances superficielles, sur le crédit public

& le commerce, qui en imposa aux Académiciens, déjà disposés en sa faveur, par ses prévenances & par l'ascendant que donnent les richesses. Le discours de Necker, écrit d'un style incorrect & souvent obscur, rempli d'expressions impropres & emphatiques, fut couronné, & l'auteur dès-lors commença à fixer sur lui l'attention publique. Les intrigues de sa femme auprès des Grands, ses empressemens envers les Gens de Lettres, concoururent puissamment aussi à répandre l'opinion du mérite de son mari. La question de la liberté du commerce des blés occupoit depuis plusieurs années les esprits; elle fixa plus particulièrement l'attention, sous le ministère de Turgot, partisan passionné d'une liberté indéfinie. Un évènement extraordinaire, & dont on n'a pu découvrir le principe, ajouta encore à l'intérêt de cette question. Un grand nombre de paysans attroupés s'étoient répandus dans les environs de la capitale & jusqu'à Versailles, sous le prétexte de la cherté du pain & de la rareté des blés; ils pilloient les magasins, & des hommes, qui se plaignoient de la rareté des blés, jetoient la farine dans la rivière. Ils paroissoient plutôt se promener, que se révolter; ils se transportoient paisiblement d'un lieu à un autre, & indiquoient d'avance leur marche. Ces mouvemens manifestoient un principe d'effervescence, qu'il étoit important au Gouvernement de calmer; & c'est dans cette circonstance que Necker crut devoir faire paroître un ouvrage sur la *législation des blés*, bien plus propre à enflammer les esprits, qu'à les éclairer. Les objets de l'économie politique n'avoient été jusques-là traités que par des hommes instruits, qui avoient plus songé au fond des choses, qu'à la manière de les présenter. Necker, peu versé dans cette science, imagina qu'en répandant les fleurs de l'éloquence sur une question si intéressante, il se feroit lire des Gens de Lettres, des Gens du Monde & des femmes; & que celui qui auroit trouvé le moyen de les initier en quelque sorte à la science du Gouvernement, leur paroîtroit l'homme le plus éclairé. Son ouvrage, d'un style pompeux & oratoire, est rempli de principes généraux & d'idées vagues; & il est facile de s'appercevoir que l'auteur s'est pénétré d'un écrit ingénieux & profond, intitulé: *Dialogues sur la liberté du commerce des blés*. Les idées de l'Abbé Galliani forment tout le savoir répandu dans l'ouvrage de M. Necker. Comme il ne se sentoit pas assez d'instruction pour embrasser un systême déterminé & le développer; enfin, comme il cherchoit principalement à faire sensation dans le public, & à se faire lire des personnes qui primoient dans la société, il eut soin de semer dans l'ouvrage quelques comparaisons brillantes, & d'y faire régner un ton sentimental, propre à donner l'opinion de son amour pour l'humanité. Il laissa la question indécise,

indécise, après avoir balancé le pour & le contre; & il évita par cette conduite artificieuse, les attaques du parti auquel il se seroit trouvé en bute, s'il eût adopté nettement une opinion décidée. On est indigné, en lisant cet écrit, de voir un homme qui ne cherche qu'à montrer de l'esprit & à augmenter l'incertitude sur l'objet le plus important à une Nation agricole, & se joue de la question pour faire parade de ses forces, tandis que l'amour du vrai & de l'humanité prescrit à tout honnête homme le devoir impérieux de remonter aux principes, & d'éclairer, de toute la lumière de son esprit, une route ténébreuse.

L'écrit de Necker produisit l'effet qu'il en avoit attendu; il eut un grand succès, sur-tout parmi ceux qui étoient opposés à Turgot, dont on redoutoit l'austérité.

Necker se déclaroit contre les principes absolus, & attaquoit ainsi indirectement l'opinion de Turgot & des économistes. Son ouvrage fut vanté par les Gens de Lettres, & Necker commença à être annoncé comme un Législateur en Finance. Turgot fut révolté contre un écrit dont il sentoit le danger, dans les circonstances critiques où se trouvoient la capitale & quelques provinces. Il fut indigné de la mauvaise foi de M. Necker, qui avoit cherché auparavant à gagner sa bienveillance, en feignant d'être du même sentiment que lui; enfin, son zèle paſſionné pour l'intérêt public lui faiſoit voir, avec une ſorte d'horreur, un homme qui, ſemblable à un eſcamoteur, dont la dextérité fait paroître & diſparoître une balle, ſembloit ſe jouer de l'humanité, en montrant la plus importante des queſtions, tantôt ſous une face, tantôt ſous une autre. Un Miniſtre propoſa de faire mettre Necker à la Baſtille; mais Turgot, quoique violemment irrité, fit céder ſon reſſentiment à ſes inébranlables principes de tolérance. Ce vertueux Miniſtre fut diſgracié, & remplacé par un homme, qui ne vit dans cette grande place, qu'un moyen de ſatisfaire ſon goût pour le plaiſir, & dont on pouvoit dire avec Tacite. *Scorta & fœminas volvit animo & hæc principatûs prœmia putat.* Necker qui commençoit à jouir de quelque réputation, ſongea à profiter de la diſſipation où vivoit le Miniſtre des Finances, pour ſe rendre néceſſaire. Ses liaiſons avec un intrigant, qui avoit ſu ſe procurer une correſpondance directe avec le Roi, le mirent à portée d'attirer ſur lui l'attention du Roi & du premier Miniſtre. Il remit au Comte de Maurepas des Mémoires ſur les affaires de la Finance, dans leſquels il exagéroit les reſſources & préſentoit la plus brillante image. Le premier Miniſtre, amateur de nouveautés, goûta ces moyens ſans les approfondir, il propoſa en conſéquence de confier à Necker la direction du Tréſor-Royal, ainſi que les détails relatifs au crédit public & aux emprunts. La fortune rapide de Necker, sa capacité présumée, d'après ses succès personnels dans la banque, firent croire au Comte de Maurepas qu'il sauroit attirer au Trésor-Royal l'argent des capitalistes françois & étrangers. L'inaplication de Clugny aux affaires étoit encore un motif déterminant de lui associer un homme qui eût de l'expérience dans la partie des Finances, la plus intéressante pour un Gouvernement, qui n'osant sonder la profondeur du mal, n'avoit recours qu'à des palliatifs. Clugny vint à mourir dans ces circonstances, & Necker fut adjoint à son successeur, qui ne tarda pas d'être la victime de son impatiente ambition. Parvenu au Ministère, Necker ne s'occupa que des moyens d'éblouir le public & d'exciter l'enthousiasme. Sans but, sans doctrine, ni systême, il ne songea qu'à faire des opérations qui eussent de l'éclat. Insensible à l'amour, à l'amitié, aux plaisirs de la société & dévoré d'une soif inextinguible d'applaudissemens, les moyens de sévérité ne coûtoient rien à son esprit. Une basse jalousie de tous ceux à qui leur fortune procuroit quelque éclat, ajoutoit encore à l'austérité de ses projets économiques; mais son intérêt le faisoit céder aux personnes dont il pouvoit redouter le crédit à la Cour ou l'ascendant dans le grand monde. Il semble s'être peint lui-même, dans une phrase de son éloge de Colbert: *il sera semblable*, dit-il, *à ces héros de théâtre, que des battemens de mains excitent ou découragent.*

Pressé par cet unique & impérieux besoin de succès & de louanges, il publia son *Compte rendu :* & cet acte de sa vanité ambitieuse, auquel le premier Ministre n'eut pas la force de s'opposer, sera remarquable dans l'histoire. Ministre du Roi, il ne devoit compte qu'à lui de l'état des Finances & de ses opérations ; mais le suffrage du Monarque n'étoit pas suffisant pour lui. Il voulut présenter au public un tableau, fait avec art aux dépens de la vérité, bien assuré qu'en se soumettant à ce tribunal, il recueilleroit une ample moisson d'applaudissemens. Bientôt après il tenta, dans l'ivresse du succès, de se prévaloir du suffrage public & aspira à entrer au Conseil. Le premier Ministre objecta à Necker sa religion, & lui proposa galamment *d'aller à la Messe.* Necker insista, menaça de quitter sa place, persuadé que la crainte de le perdre l'emporteroit sur le scrupule que faisoit naître la différence de religion. Il fut la dupe de sa présomption, & on le laissa se retirer. Dès ce moment il y eut en France un parti animé contre le Gouvernement & déterminé à décrier toutes ses opérations. Les gens instruits n'osoient s'élever contre l'opinion de ce parti dominant ; ils jugeoient Necker comme la postérité le jugera ; ils voyoient qu'il n'avoit point de doctrine, qu'il n'avoit employé d'autre art que celui d'emprunter à tout prix, pour en impoſer par l'état brillant du Tréſor-Royal, & ſéduire la multitude enchantée de voir faire la guerre ſans augmentation d'impôts; ils gémiſſoient de cette charlatanerie, qui devoit un jour aggraver les charges de l'Etat. Enfin, il étoit évident à leurs yeux que Necker n'avoit rendu aucuns ſervices réels, & que la fermentation qu'il excitoit, pouvoit expoſer l'Etat aux plus grands dangers. Les Gens de Lettres, les femmes accréditées, leurs amans & la troupe ſervile des imitateurs, faiſoient taire le petit nombre de gens éclairés. C'eſt une choſe remarquable, que l'enthouſiaſme des femmes les plus diſtinguées par le rang & la beauté, pour un homme d'une figure ignoble & éloigné de la galanterie par l'auſtérité apparente de ſes mœurs. On a vu, quelques jours après ſon renvoi, la Ducheſſe de Lauſun, de toutes les femmes la plus douce, & ſur-tout la plus timide, attaquer dans un jardin public un inconnu, qu'elle entendoit mal parler de Necker, & ſortir de ſon caractère, au point de lui dire des injures. Les femmes n'ont point contribué à l'élévation de Necker, & dans l'obſcurité, où il étoit avant ſon miniſtère, il auroit en vain brigué leur appui; la grandeur & l'éclat ſont néceſſaires pour ſubjuguer les femmes, & trompent ſouvent & leur cœur & leurs ſens. C'eſt lorſque, parvenu à une grande place, il commença à fixer les regards publics, qu'il détermina les femmes en ſa faveur. Il flattoit en ſecret celles qui avoient le plus d'influence ſur la ſociété, & ſes flatteries acquéroient un nouveau prix de la ſévérité de ſon caractère. Les femmes accréditées, qu'il ſut gagner par ſes louanges & ſes déférences, attirèrent les ſuffrages de tous ceux qui avoient intérêt de leur plaire; leur conſidération s'accrut réellement, par l'intimité de leur liaiſon avec un homme puiſſant, & elles s'énorgueilliſſoient de leur aſcendant ſur un homme ſi fier de ſa vertu, ſur cet impaſſible Spartiate. Sa diſgrace fut à-la-fois une atteinte portée à leur crédit, & une injure pour leur amour-propre, intéreſſé au ſoutien de leurs enthouſiaſtes ſentimens. De-là les cabales contre le Gouvernement, & la fermentation des eſprits ſur les objets d'adminiſtration; le diſcrédit des Effets publics, les Etats-Généraux & la ſubverſion de la plus floriſſante Monarchie. Necker avoit encore pour lui tous ceux que des mécontentemens particuliers rendent ennemis du Gouvernement, & ſon parti devenoit ainſi de jour en jour plus nombreux. L'impéritie de Fleury, ſon ſucceſſeur, formoit encore un tableau de comparaiſon, avantageux à Necker. Le public, trompé & animé par ſa cabale, ſe plaiſoit à le vanter comme le plus grand des Adminiſtrateurs, & ſes écrits lui attiroient l'admiration des étrangers. Ils étoient frappés de la pompe de ſon ſtyle, touchés de ſes homélies en faveur de l'humanité, & ne pouvoient apprécier les circonſtances, ni vérifier les faits. Jamais en France, les hommes en place ou appelés à y parvenir, n'avoient écrit sur les affaires ; leur silence fut regardé comme une impuissance, & Necker sans rivaux, profitoit ainsi de l'avantage d'être le seul Administrateur qui eût publié des ouvrages sur l'économie politique. La postérité, éclairée & impartiale, cherchera avec surprise, comment un Peuple éclairé a pu être induit en erreur, au point de regarder Necker comme le plus grand des Administrateurs ; elle sera étonnée que ses contemporains ne se soient pas demandé : quel canal a-t-il creusé ? quelle branche de commerce a-t-il vivifiée ? quels impôts ont été abolis ou modifiés ? quels édifices ont été élevés par lui ? Il a écrit de magnifiques phrases, mais où sont les œuvres ? Elle ne trouvera ni dans la capitale, ni dans les provinces, ni dans les ports, aucun établissement utile, qui consacre sa mémoire. Ses ouvrages renferment des idées générales & des projets vagues, mais on n'y découvre ni doctrine, ni pensée profonde sur l'Administration ; & c'est une chose digne de remarque, qu'il ne se trouve pas, dans trois volumes sur les Finances, une seule citation de faits, ou un exposé des anciennes opinions. On voit clairement que ce Ministre a suivi l'élan de son imagination, & qu'il s'est circonscrit dans la partie morale des affaires, qui n'exige, pour être approfondie, que la sagacité de l'esprit, sans aucune des connoissances néceſſaires à l'Adminiſtrateur. C'eſt dans cette ſeule partie qne Necker, homme d'eſprit, & ſouvent écrivain éloquent, a droit aux éloges, & le public ſéduit a confondu le mérite de l'Adminiſtrateur avec celui de l'Ecrivain. Mais ceux qui diſtinguent l'un d'avec l'autre, s'apperçoivent qu'il n'a connu ni l'hiſtoire, ni les principes de la finance & du commerce, ni approfondi la théorie de l'impôt. Il leur eſt promptement démontré, qu'il n'a cherché qu'à faire effet ſur les Gens du monde, par des phraſes brillantes, & ſur le Peuple, par l'affectation de la ſenſibilité. Il reſſemble à ces auteurs qui font des pièces pour les acteurs, & qui réuſſiſſent, parce que les rôles ſe trouvent conformes aux talens de ceux qui repréſentent la pièce; un ſuccès brillant, mais éphémère, eſt leur récompenſe, & leur mérite s'évanouit avec les acteurs. Necker fut rappelé au Miniſtère, lorſque l'autorité du Roi ébranlée n'avoit plus la force de réſiſter aux clameurs du public, animé par les partiſans de ce Miniſtre. Il eut alors la principale part aux affaires, ſous le nom de *premier Miniſtre des Finances;* mais cette place ne ſuffiſoit pas à ſon ambition, à cette ſoif effrénée de ſuccès populaires qui caractériſe Necker; il ſongea dès ce moment à devenir Miniſtre national, & fut bien plus occupé de carreſſer la multitude, que de maintenir l'autorité du Monarque. Une lettre écrite en 1788, par le Comte de Mirabeau, prouve qu'il avoit démêlé les projets de Necker, & qu'il sentoit le danger de l'ascendant qu'il avoit su acquérir sur le Peuple.

« Nous allons voir, dit-il, ce charlatan de Necker, » le Roi de la canaille ; elle seule ici a du courage, » & s'il étoit le maître, elle finiroit par tout étran» gler sous sa direction ».

Peu de personnes sentirent l'artifice contenu dans *le résultat du Conseil* composé par Necker, & les dangers auxquels il exposoit la Monarchie. Necker avoit formé le projet de régner sur la multitude & de s'élever par elle ; il avoit en conséquence, contre l'avis de tous les Ministres, fait prendre la résolution d'assembler les Etats à Versailles, à quatre lieues d'une ville immense, où fermentoient toutes les passions. Dans la multitude des causes qui ont concouru à la destruction de la Monarchie, il n'en est point qui ayent eu une plus directe & plus fatale influence, que le choix de la ville de Versailles & le résultat du Conseil. Necker avoit ainsi déterminé l'ascendant du Tiers, dont il se flattoit de profiter. Après avoir vu rejeter par le Roi un article insidieux, qu'il avoit inséré dans le projet de la célèbre Déclaration du 23 Juin 1789, Necker osa s'absenter de la séance royale & afficher ainsi son opposition aux sentimens du Roi. Il étoit évident, qu'il ne cherchoit qu'à plaire aux Communes, & qu'il séparoit sa cause d'avec celle du Roi. Il n'y avoit plus à balancer pour éloigner un Miniſtre ; que la faction avoit forcé le Roi de rappeler auprès de lui, un Miniſtre qui prétendoit, par la puiſſance populaire, s'aſſocier à l'exercice de l'autorité royale. Le Peuple de Verſailles fut inſtruit, par les émiſſaires de Necker, de ce projet ; il ſe tranſporta tumultueuſement dans les cours du Château, au moment où le Miniſtre ſe rendit chez le Roi. On voyoit aller & venir dans les galeries, les partiſans de Necker ; on les voyoit s'entretenir avec les Membres des Communes, pour les enflammer en ſa faveur ; ils s'efforçoient d'inſpirer aux bons Citoyens les plus vives alarmes, en leur peignant le déſordre qu'entraîneroit le renvoi du Miniſtre des Finances. L'infortuné Monarque fut encore obligé de céder à la faction, & de conſerver dans ſon Conſeil, l'auteur des troubles & l'ennemi de ſon autorité. Le chemin du Miniſtre, en ſortant de l'appartement du Roi, étoit de paſſer par les galeries ; mais il voulut profiter de l'effervescence populaire, ſavourer les applaudiſſemens, s'aſſurer de ſon aſcendant, & effrayer le Roi & la Reine, par le ſpectacle des tranſports que ſa préſence devoit exciter. Il deſcendit par le grand eſcalier, au doux bruit des battemens de main répétés, en feignant d'être entraîné par la multitude. Eſcorté, preſſé, applaudi d'une foule immenſe, il ſe rendit lentement chez lui, en traverſant les cours & la rue, inondées des flots renaissans & agités d'un public aveugle & trompé. Quelques personnes surprises du chemin qu'il prenoit, demandèrent où il alloit. *Chez lui par le plus court*, dit un homme d'esprit. J'ai vu ce que je raconte; j'ai vu aller chez M. Necker, des Grands, des femmes que guidoit le plus aveugle enthousiasme. On vit en ce moment une des plus grandes Dames de la Cour, connue par son ardent fanatisme pour Necker & ses cabales en sa faveur, arrêtée devant une des grilles du Château, contemplant avec délice ces mouvemens tumultueux, jouissant du triomphe de Necker & de l'abaissement de l'autorité royale, & s'écrier avec une orgueilleuse satisfaction : *on n'oseroit le renvoyer.* Le Roi supporta encore quelques jours la vue de Necker, & prit enfin le parti de l'éloigner. Le Peuple étoit depuis long-temps en fermentation; une longue suite d'évènemens & des manœuvres criminelles, avoient formé un amas de matières combustibles, dont l'explosion dépendoit de la plus légère étincelle. Le renvoi de Necker fut cette étincelle; car il est constant qu'il étoit, à cette époque, indifférent à l'Assemblée nationale, qui avoit reconnu l'insuffisance de ses talens, l'incertitude de ses vues & son ambition. L'enthousiasme & la chaleur du Comte de Lally réveillèrent quelques restes de prévention favorable, ranimèrent les cendres d'une admiration presque entièrement éteinte. Son éloquence

& les intrigues des partisans de Necker, agirent efficacement sur l'Assemblée & sur le Peuple, en faveur du Ministre disgracié. Le Comte de Lally joua, en cette occasion, le rôle de Marc-Antoine, présentant au Peuple la robe ensanglantée de César & son testament; il rappela au public ému, animé contre la Cour, les prétendus services de Necker & son amour pour le Peuple. La multitude étoit disposée & préparée à de grands mouvemens, par la corruption & l'intrigue. Dans cet état de choses, il devoit y avoir des Idoles & des victimes. Le *Duc d'Orléans* & *Necker* furent les héros du jour, & *Foulon*, *Berthier*, *Launay* furent massacrés. Le Roi fut forcé d'écrire à Necker de revenir; l'Assemblée entraînée par le Comte de Lally & pressée par les mouvemens populaires, lui dépêcha des courriers, & la France entière fit des vœux ardens pour son prochain retour. Ceux qui ne le connoissoient pas, alloient jusqu'à craindre qu'il ne se refusât à tant d'empressemens : ceux qui jugeoient mieux, savoient que la vanité l'emporteroit sur tout autre intérêt, & sur la politique qui devoit l'empêcher de revenir dans un poste qu'il ne pouvoit conserver. A peine fut-il arrivé que chacun fut étonné d'avoir desiré son retour, l'Assemblée le vit revenir avec indifférence, le Peuple cessa dans peu de prononcer son nom, & les orateurs démagogues déclamèrent avec impunité contre cette idole vermoulue. Il fut attaqué dans les journaux ; son Administration, son caractère, sa personne, y furent peints sous les plus noires couleurs. Il tâcha vainement de louvoyer au fort de l'orage ; sans ressource dans l'esprit, sans caractère politique, il ne sut être ni l'homme du Peuple, ni l'homme du Roi. Le temps étoit venu où des paroles décevantes ne pouvoient plus tenir lieu de réalités ; le temps de la foi aveugle étoit passé, & l'Assemblée exigeoit des œuvres ; elle sonda l'abîme du déficit, & demanda des ressources au Ministre. Mesuré par des yeux pénétrans, Necker offre, dans cette époque, l'image de ces cadavres conservés par le temps & qui se réduisent en poussière au moment qu'ils paroissent au jour & qu'on les touche. L'Assemblée reconnut dans peu que le Ministre des Finances avoit emprunté à tout prix, & que le déficit étoit le produit de ses emprunts onéreux, combinés sans lumières, aux dépens des races futures. Pressée par les besoins du moment, l'Assemblée s'adressa à lui pour obtenir des secours ; le Ministre écrivit des phrases magnifiques, parla de ses sentimens & finit par proposer de continuer la suspension du paiement des Billets de la Caisse - d'Escompte. Les besoins augmentèrent ; on s'adressa encore au génie tutélaire de la Nation, & il proposa une nouvelle création de Billets de la Caisse - d'Escompte. Il étoit évident, que le plus ignorant des Membres de l'Assemblée, auroit trouvé les mêmes ressources que Necker. En horreur alors au Roi & à la Reine, pour qui sa présence étoit un supplice, accablé de dégoûts par l'Assemblée & menacé par le Peuple, l'ambition le soutint quelque temps & lui fit supporter le mépris & la haine. Mais enfin, la crainte triompha de tout autre sentiment; il quitta le Ministère sans faire la plus légère sensation, & emportant le mépris de tous les partis. Le Roi, la Noblesse, le Clergé, avoient également à se plaindre de sa perfidie, de son ignorance & de l'incertitude de ses idées. Les gens éclairés voyoient dans son Administration les principes des désordres, & dans sa conduite, depuis son premier rappel, la cause active & immédiate de la dégradation du Monarque, de l'effusion du sang & de l'anarchie. Necker avoit insisté pour que les Etats fussent à Paris, malgré les plus vives représentations, dictées par l'expérience; & dans le même temps, il avoit rassemblé autour de Paris, quinze mille ouvriers, manoeuvres & artisans de tout genre, dénués de tout moyen de subsister, réunis dans les fauxbourgs & les environs. Ces hommes dépravés par l'oisiveté, irrités par la misère, étoient prêts à tout entreprendre pour le Ministre des Finances, dont ils recevoient une paye journalière. Il avoit déterminé l'Assemblée à laisser ouvertes les tribunes, & n'avoit négligé aucun des moyens propres à enflammer le

Peuple. Il s'étoit absenté de la séance royale, après avoir rédigé une insidieuse déclaration ; il avoit, sans y être appelé par sa place, opiné contre le *veto* absolu ; enfin il étoit évident que sa conduite avoit eu pour objet, d'obtenir un Ministère indépendant de la volonté du Roi. Necker se retira dans une terre en Suisse, & là sans espoir fondé de remonter sur la scène du monde, & croyant toujours qu'on est occupé de lui, il ressemble à ces hommes mutilés, qui éprouvent encore des douleurs dans les membres qu'ils n'ont plus. Ne pouvant se résoudre à rester ignoré, il composa des ouvrages, pour avoir le plaisir de parler de lui, d'entretenir le public de ses sentimens & de son Administration. Il crut, tant est profond l'aveuglement de l'amour-propre, que la France en proie à la plus violente anarchie, déchirée dans toutes ses parties & inondée de sang, s'occuperoit des chagrins qu'éprouve dans la disgrace un ex-Ministre ; qu'elle suspendroit le sentiment des plus cuisantes douleurs, pour prêter son attention à la froide analyse de ses opérations, à l'emphatique description de ses sentimens. J'ai fait connoître les principes de sa fortune & les motifs qui ont déterminé sa conduite publique ; il me reste à parler de sa personne, & après avoir peint le Ministre, je vais rassembler quelques traits de son caractère, propres à faire connoître l'homme. Necker est d'une taille ordinaire & groſſièrement conformé ; ſa phyſionomie offre à l'œil obſervateur, de l'atrocité, du dédain, de l'égarement, de la moquerie, de la profondeur & de l'inſenſibilité. A travers la réſerve contrainte de ſon maintien, il eſt facile de deviner une violente agitation intérieure. Ses manières ont de la dureté ; & comme il a paſſé une partie de ſa vie parmi des ſociétés ſubalternes, il n'a point l'aiſance que donne l'uſage du grand monde, & ne ſait, quand il veut être poli, que multiplier de mauſſades révérences. Dominé tour-à-tour par l'avidité & l'ambition, il n'a aucun des goûts que fait naître la ſenſibilité de l'ame, la curioſité de l'eſprit & l'habitude de vivre en ſociété ; l'amour-propre a deſſéché en lui tous les principes qui rapprochent les hommes & leur procurent des jouiſſances communes. Il a lu, pour montrer qu'il avoit lu ; il a fréquenté les Gens de Lettres pour acquérir des partiſans ; il a converſé, ſans être entraîné par le beſoin de la confiance, ou l'intérêt des queſtions, mais pour inſpirer l'idée de ſon mérite. La domination perpétuelle d'un objet, qui ne permet aucune diſtraction, eſt un des principes de la folie ; & l'eſprit de Necker en a éprouvé quelques atteintes. Il a été, pendant deux années entières, incapable d'aucune attention & accablé de vapeurs, qui offuſquoient ſa raiſon. Il eut enſuite une faim canine qui l'obligeoit de manger à toute heure, & c'eſt de-là qu'il a contracté

l'habitude

l'habitude de tenir ses mains dans les poches de sa veste, où il semble chercher quelque chose. Sa femme, confidente forcée du désordre de ses idées, & fortement intéressée à en dérober la connoissance au public, a prodigué les soins à son époux, dans le temps de l'altération de son esprit, & s'est par-là acquis sur lui le plus grand ascendant. Necker s'exprime avec difficulté & est entièrement dénué du talent de la parole; il a beaucoup d'esprit, & un recueil, qui contiendroit des pensées choisies avec discernement dans ses ouvrages, formeroit un excellent livre. Ses ennemis ont prétendu que Thomas avoit composé une partie de ses ouvrages, & ceux qui ont hazardé un pareil jugement ont plus consulté leur passion, que les lumières d'un esprit exercé. Les beaux morceaux répandus dans les ouvrages de Necker, sont au-dessus de ce que Thomas a fait de mieux. Comme la nature est inégale dans ses dons, elle a refusé à Necker le talent des affaires; il le sentoit & avoit soin de se circonscrire dans des principes généraux, d'abréger la conversation, & de renvoyer promptement à ses subalternes pour une discussion approfondie. Il étoit distrait, froid & réservé dans la conversation, dédaigneux, & quelquefois moqueur dans ses audiences; & la plupart de ceux qui avoient affaire à lui, éprouvoient un froissement sensible dans leur amour-propre, qui dégénéroit promptement en haine. Mais il avoit d'autres manières avec ceux que leur influence dans le monde l'engageoit à ménager ; & l'art qu'il employoit dans ces circonstances, a été un de ses plus efficaces moyens pour enflammer les têtes & se procurer d'idolâtres partisans. Le front de cet homme austère s'éclaircissoit ; le secret de cet homme si froid, si réservé, sembloit s'échapper de ses lèvres, pressé par les sentimens de son cœur. Les flatteries les plus outrées paroissoient lui être arrachées par l'irrésistible impulsion de la vérité. Des railleries amères & de fines plaisanteries étoient répandues par cet homme austère, sur les ennemis des personnes qu'il accueilloit avec tant d'art ; & comme ces personnes étoient ou des grandes dames, ou des hommes éminens par leur rang, ou considérables par leur influence, & peu instruites des affaires, alors il en parloit devant elles avec assurance, & il ne lui étoit pas difficile de leur en imposer. Ces personnes sortoient de chez Necker, émerveillées de son savoir, enchantées de son esprit & flattées de sa confiance. En voyant un jour le Prince de Poix entrer dans son sallon, Necker s'avance vers lui, & s'écrie avec transport : *quand je vois M. le Prince de Poix, il me semble voir le bien public personnifié ;* on peut croire au moins qu'il y voyoit le sien. S'il étoit empressé, flatteur pour ceux qui pouvoient servir ses vues ambitieuses, il étoit injuste & froidement inhumain pour les personnes sans crédit; le trait que je vais rapporter, en sera une preuve convainquante. A son avènement au Ministère, il voulut se signaler par des réformes & par la suppression de plusieurs places lucratives de la Finance. Il existoit deux places de Trésoriers-Généraux de l'extraordinaire des Guerres; l'une de ces places fut supprimée par un Arrêt du Conseil, enregistré aussi-tôt à la Chambre des Comptes; l'usage & la justice prescrivent en pareilles circonstances, de faire porter la réforme sur la charge de la plus récente création. Celle de M. de Boulogne, homme généralement estimé, devoit par cette raison être conservée comme étant la plus ancienne; il apprit avec surprise que l'on s'étoit écarté de l'usage, & qu'il étoit privé de sa place. Il s'empressa de faire à Necker ses justes représentations; elles furent froidement écoutées, & le Ministre se contenta de lui répondre qu'il avoit raison, mais que la chose étoit sans remède. Diverses circonstances avoient altéré la fortune de M. de Boulogne, & la perte des produits d'une charge lucrative la renversoit entièrement. Necker fut insensible à l'exposé d'une situation malheureuse, qu'il avoit déterminée, & ne témoigna pas même le regret de s'être trompé. Dans le moment où le Financier tâchoit de réveiller quelque souvenir de justice dans l'ame du Ministre qui causoit sa ruine, on annonça que le dîné étoit servi ; Necker invita M. de Boulogne à dîner ; celui-ci refusa, en alléguant que sa santé le condamnoit à être au lait, pour toute nourriture. Eh bien ! lui dit le Ministre, pourquoi insister sur le rétablissement de votre charge ? On n'a pas besoin de fortune, pour vivre de lait. Qu'on juge de l'effet que dut produire une aussi barbare plaisanterie, faite par l'auteur de sa ruine, à un homme qui perdoit cinquante mille écus de rente (1).

---

(1) Le hazard nous ayant fait tomber entre les mains une lettre vraiment curieuse du célèbre Lavater, sur le caractère & la physionomie de M. Necker, nous croyons faire plaisir à nos Lecteurs en l'insérant ici. Ceux qui ont connu M. Necker, pourront juger si c'est la passion qui a guidé l'Auteur de cet Ouvrage, lorsqu'il a tracé ce portrait, ou si les expressions du savant physiognomoniste dans cette occasion, ne se ressentent pas un peu trop de l'admiration & de l'enthousiasme.

Lettre de M. Lavater, à l'occasion de son entrevue avec M. Necker à Basle, au mois de Juillet 1789, tirée d'un Journal publié à Genève, n° 50.

« Rendu à Basle, aux trois Rois, le Vendredi 24 Juil-
» let 1789, étant invité par Madame de Stael à dîner avec
» M. Necker, je vis, pour la première fois, au sein de sa
» famille, cet homme également distingué par sa renom-
» mée, son sort, ses talens & son mérite. Vous savez que
» je fais un cas extraordinaire de la première impression.

» Quoiqu'en détail je me fusse représenté M. Necker
» tout différent, sa figure, au premier aspect, répondit à
» mon attente; mais vu de plus près, je fus surpris de la
» différence de ses traits avec toutes les estampes qu'on en
» a fait ; mon jugement physiognomonique du total fut
» bientôt décidé. Le tout dans un certain éloignement,
» inspire un sentiment de vénération. Observé de près,
» plus d'amabilité se fait appercevoir.

» La construction des parties solides de cette tête n'ap-
» partient pas aux formes originairement grandes & ca-
» ractéristiques de la nature. Elle n'en est pas un produit
» absolu, unique, original, un trait hardi, un *salto mortale*;
» comme, par exemple, en différens degrés, celles de
» Newton, Locke, Montesquieu, Thourlows, Chatham,
» Pitt, ou même de Voltaire, Rousseau, Johnson, &c.;
» mais le tout a quelque chose de si unique, approchant
» de la perfection morale, décisif pour la sagesse tranquille
» & la prudence consommée, & ses traits en détail se
» réunissent pour exprimer l'honnêteté, la bonté, la dou-
» ceur & la noblesse de sentiment. Il me reçut à-peu-près
» comme tous les François, avec politesse, cependant plus
» dignement, c'est-à-dire d'une manière plus posée, plus
» sérieuse; & quand je dis comme tous les François, je
» ne dis pas bien, puisque je dois d'abord ajouter que j'ai
» vu peu de gens du monde, & sur-tout de la Cour,
» de cette simplicité & d'un ton si opposé à la multitude
» des François. Aussi tiens-je un bien plus grand compte
» à cette Nation, & avec moi tous les gens sensés, de
» ce qu'elle a su montrer tant de justice, & juger avec

» un tact aussi délicat un homme qui ne possède rien de
» cet air enjoué, de cet esprit pétillant, ni de cette sorte
» d'éloquence qui abonde en complimens flatteurs, & qui
» lui est si naturelle.

» M. Necker parla peu, particulièrement dans le com-
» mencement. Il ne me parut, quoique dans un des plus
» importans momens de sa vie, ni triste, ni abattu, ni
» distrait, ni intérieurement déchiré, ni dans un état d'in-
» décision, de crainte, & encore moins de joie; il avoit
» été cependant la veille au-devant de son épouse & de sa
» fille chéries, avoit reçu son rappel du Roi & de l'Assem-
» blée nationale, & s'étoit déchargé de sa réponse; mal-
» gré cela, point d'agitations ni de signes d'un esprit absent
» ou absorbé dans de profondes méditations; il gardoit
» le sérieux d'un Sage, & cela sans affectation, sans air
» ni effort.

» Sa voix est extraordinairement douce; comme tout
» en lui est tranquille, posé, mûr, mâle & éloigné de
» toute pédanterie, l'usage du grand monde se fait entre-
» voir; mais le Ministre d'Etat est frappant en lui, tout
» l'annonce, mais sans la moindre ostentation. Si j'avois
» vu M. Necker sans le connoître, je ne l'aurois jamais
» pris pour un simple Homme de Lettres, ni pour un Mi-
» litaire, ni pour un Artiste, ni pour un Négociant; car
» dans cet état même il étoit déjà dans l'ame prédestiné
» Ministre; il paroît être né & formé pour diriger des
» Finances. Il écoutoit avec la tranquillité complète d'un
» Sage qui examine tout, qui n'anticipe rien, qui appro-
» fondit tout, & dont l'exactitude porte sur les dates comme
» sur les faits, cependant infiniment éloigné d'une curio-

» sité minutieuse. Toutes ses paroles étoient pesées, mais » couloient de source ; tous ses regards attentifs, quoique » modestes & discrets ; toutes ses réponses pertinentes & » noblement exprimées sans aucune tournure recherchée ; » tous ses propos mûrs & achevés.

» Son front a quelque chose d'un tendre féminin, il n'a » ni nœuds, ni angles, ni rides ; il recule, & est comme » tous les fronts de cette espèce.

» Dans ses paupières qui ne sont ni épaisses, ni forte- » ment prononcées, comme aussi dans le doux enfoncement » de l'œil, & dans la couleur, & la coupe de ses yeux, » il y a une expression infinie de cette sagesse pleine de » noblesse, & de gravité mêlée de douceur. Et quand je » n'y trouve point ce feu étincelant du génie, j'y remarque » par contre quelque chose d'un esprit supérieur aux seuls » intérêts de cette terre, & qui n'est pas étranger au monde » invisible. Les morceaux les plus sublimes de ses Opinions » religieuses semblent avoir tiré leur origine de ces cé- » lestes régions. Dans son regard attentif, insinuant & ré- » fléchi, on distingue l'esprit analytique ; cet homme est » moins grand par la force créatrice, que par la force de » combinaison, de compréhension & de pénétration ; quand » il écoute, il ne lui échappe rien. Son teint est d'un jaune » pâle, assez essentiel pour former l'idéal d'un Sage de » cabinet, & très-significatif pour un caractère *uni* & » *paisible*.

» Dans sa bouche, dont la ligne du milieu est très- » caractéristique, aiguë sans dureté, se jouent avec aisance » les grâces de la bonhomie la plus naturelle, qui n'ins- » pire pas seulement de l'estime, mais de l'attachement » personnel.

» Son menton est très-long & assez charnu, mais sans » être grossier ni sensuel; son reculement se trouve en har- » monie frappante avec celui du front, & donne à cette » physionomie, à laquelle il ne manque point de chaleur, » ce degré de calme nécessaire aux grands calculateurs.

» Le nez n'a point de forme particulière, son dessin n'est » pas pris en grand, ni son contour aigu, ni anguleux, » ni très-pointu, ni camu; il a cependant une petite nuance » d'une douce inclinaison, ce qui consolide à un œil exercé » le caractère du total, savoir, l'uniformité & la dignité; » car je n'ai trouvé en lui aucun ton de désharmonie, au- » cune incertitude dans le regard.

» Il me paroît que cet homme est particulièrement grand » & unique, en ce que par sa propre culture, il a fait de lui » tout ce que sa nature lui permettoit d'être.

» Je témoignois à son épouse, connue & distinguée par » son esprit & par sa prudence, d'une taille longue & » d'une complexion délicate, ma surprise sur la tranquillité » de son époux dans un si grand moment. L'ingénuité de » sa réponse me frappa: Il n'est pas aussi tranquille qu'il » vous le paroît, sans cela il auroit parlé davantage du- » rant le repas. Si vous n'appelez pas cela tranquillité, ré- » partis je, quelle ne doit donc pas être sa sérénité dans » des temps ordinaires?

» A table il étoit attentif à tout, servant avec dignité, » aisance & prévenance. Les étrangers, qui poussoient leur » curiosité jusqu'à l'indiscrétion, n'excitoient point son hu- » meur. On ne vit aucun sourire de la vanité qui se com- » plaît à elle-même, ou de la suffisance qui se boursouffle;

» point de cet orgueil qui blesse, ni de cette dureté assez
» propre aux Ministres d'Etat.

» Tout autour de lui étoit à son aise, point de ces airs
» dissimulés, de ces accens qui ferment la bouche & étouffent
» les mouvemens de confiance; au contraire, de la bien-
« veillance, de l'abandon cordial, plein d'estime pour sa
» respectable épouse, de tendresse visible pour sa fille, la
» sensible & spirituelle Madame de Stael. La politesse avec
» laquelle il reçut les personnes attirées par des vues très-
» différentes, n'étoit ni exagérée, ni humiliante, ni fami-
» lière, ni maniérée.

» Des François, des Anglois, des Suisses, MM. de
» Fumingue, de Basle, M. de Sala, Deeker, Haas, sa
» fille, tous furent accueillis avec grâce & noblesse. Sa
» présence paisible retenoit les importuns, & excitoit de
» sages pensées. Je crois qu'il seroit impossible de faire une
» folie dans son atmosphère.

» Il ne proféroit pas un mot ni de lui, ni de sa situation;
» ni de la France, ni de ses amis, ni de ses ennemis.
» — Sa spirituelle fille fit tomber, malgré moi, la con-
» versation sur la Physiognomonie; tout ce qu'il en dit
» ne montra pas un Anatomiste, un Dessinateur par
» principes, mais un Juge compétent, intuitif & con-
» sommé dans la connoissance de l'homme. Bref, si j'ai
» jamais vu un homme de cabinet doué d'excellens talens,
» c'est cet homme que le sort a honoré par tant d'amis
» & d'ennemis. Il faut connoître le respect & l'estime qu'ont
» pour lui ceux qui l'entourent, & la liberté avec laquelle
» ils parlent devant lui; il faut sentir l'amour des siens

» porté presque jusqu'à l'adoration ; il faut le voir lui-même
» au sein de sa famille, pour s'en faire une juste idée.

» La Nation Françoise peut s'honorer de posséder le
» tact le plus exquis pour connoître la vraie grandeur de
» l'homme, & la priser ce qu'elle vaut; elle qui sachant
» se dépouiller de tout préjugé de naissance, de toute pré-
» vention étrangère au mérite, a distingué cet homme par
» une confiance inouie, & qui, s'abandonnant toute en-
» tière à l'ascendant de sa vertu, a écrit en lettres d'or
» sur ses Cocardes : VIVE LE ROI, NECKER ET LA
» NATION »! *Cette Note n'est pas de l'Auteur.*

LE CARDINAL DE BRIENNE.

Il y a deux cents ans qu'un Loménie, homme de la plus basse extraction, fit fortune, & parvint à être Secrétaire d'Etat, dans un temps où ces places n'avoient pas l'éclat & l'autorité dont on a vu en possession ceux qui les ont exercées depuis M. de Louvois. Un de ses enfans épousa une fille de l'illustre maison de Brienne, & en prit le nom. Cette famille à produit trois ou quatre Secrétaires d'Etat, dont l'un qui a vécu sous Henri IV, Louis XIII & Louis XIV, a fait imprimer des mémoires qui prouvent à quel point leur auteur étoit inepte & borné. Les Brienne n'étoient point au rang de ceux qu'on appeloit des Gens de qualité, mais n'étoient cependant pas sans considération; ils obtenoient des Régimens, des Evêchés, & tenoient à plusieurs grandes familles par des alliances.

L'Abbé de Brienne, dont il est ici question, s'affilia dans sa jeunesse aux Encyclopédistes, qui furent flattés de compter parmi eux un jeune Abbé qui tenoit à la Cour & qui pouvoit faire un grand chemin dans l'Eglise. L'Abbé de Boisgelin, aujourd'hui Archevêque d'Aix, & Turgot, alors Abbé & Prieur de Sorbonne, étoient liés avec l'Abbé de Brienne & ſuivirent le même chemin. Mais le deſir d'une réputation guidoit l'Abbé de Brienne, & Turgot étoit entraîné par la conviction de la ſupériorité des économiſtes ſur ceux de l'ancien régime.

Les trois amis ſe livrèrent également aux économiſtes & firent à leur ſuite une fortune d'eſprit.

L'Abbé de Brienne gagna la confiance de l'Evêque d'Orléans, Miniſtre eccléſiaſtique, qui vouloit ſe diſtinguer de Boyer, Evêque de Mirepoix, ſon prédéceſſeur. Cet homme, fait pour être, tout au plus, Directeur d'un Séminaire, n'avoit ſongé à mettre dans les grandes places que des caffards & des gens protégés par les cabales dévotes. L'Evêque d'Orléans imagina, pour s'attirer l'eſtime des ſociétés dominantes, de propoſer au Roi des jeunes gens agréables aux femmes, & annoncés par quelque réputation d'eſprit. D'après ces idées, il fit l'Abbé de Brienne Evêque, & enſuite Archevêque de Toulouſe. Dans cette place, le jeune Prélat chercha à ſe diſtinguer par ſon application aux affaires de la province, & il acquit la réputation d'un Prélat adminiſtrateur. Il voulut par la ſuite ſupprimer beaucoup de Maiſons régulières, & fut appelé *l'Antimoine ;* enfin, on le mit à la tête d'une Commiſſion relative à cet objet. L'Archevêque ſongea dès-lors à ſe frayer la route au Miniſtère, & une circonſtance ſingulière & favorable donna à ſon ambition la plus grande activité, en lui offrant la perspective du succès. L'Evêque d'Orléans fut chargé par le Duc de Choiseul, de choisir un ecclésiastique qui eût des moeurs & de l'instruction, pour être Instituteur de Marie-Antoinette d'Autriche. L'Evêque eut recours à l'Archevêque de Toulouse, qui jeta les yeux sur l'Abbé de Vermont, employé à la Bibliothèque du Collége Mazarin. Cette Abbé fut envoyé à Vienne, où il enseigna à lire & à écrire, le cathéchisme & les principes de la langue françoise à la jeune Archiduchesse. Il eut soin de se rendre agréable dans ses leçons à cette Princesse, dont il gagna la confiance. Nommé son Lecteur, lorsqu'elle fut Reine de France, il conserva auprès de cette Princesse l'accès le plus intime, & il eut sur son esprit le crédit que donne, sur-tout auprès des Princes, une ancienne habitude. Il écrivoit toutes les lettres de la Reine, l'instruisoit de tout ce qu'il pouvoit lui être utile de savoir, & ne manquoit pas de louer, le plus adroitement qu'il lui étoit possible, son protecteur, l'Archevêque de Toulouse, & de parler sur-tout de ses talens pour l'Administration.

Cet Abbé de Vermont auroit pu jouer un bien plus grand rôle, s'il avoit eu de l'ambition; les Dubois, les d'Alberoni n'ont point eu des commencemens si favorables & des occasions aussi décisives. Il se contenta de jouir de sa faveur obscurément, sans exciter l'envie; & se refusant aux empressemens des courtisans, il se borna à des sociétés subalternes.

Pendant quinze ans il parla sans cesse & en vain de l'Archevêque de Toulouse; le Roi avoit des préjugés, qui l'empêchoient d'appeler au Ministère un ecclésiastique: il s'en expliqua plusieurs fois d'une manière positive. L'Archevêque de Toulouse ne perdoit point courage; rongé de dartres, menacé de phthisie, crachant le sang, il s'occupoit sans cesse & d'affaires & d'intrigues, & se mêloit de toutes les petites querelles domestiques & intérieures. Il fut plusieurs fois appelé pour délibérer sur une intrigue amoureuse, & décider si une femme garderoit son amant ou en prendroit un autre. Il étoit dans toutes les confidences, & quatre ou cinq femmes du premier rang n'entreprenoient rien sans le consulter: *il faut en parler à l'Archevêque de Toulouse*, étoit leur perpétuel refrain, dans toutes les circonstances intéressantes.

Il n'alloit que rarement dans son Archevêché; mais dans les séjours qu'il y faisoit, il s'appliquoit à faire quelque chose de marquant pour l'utilité publique, & cherchoit plus l'éclat que la solidité. Il répandoit des charités, qu'il avoit soin de ne pas rendre secrètes; il faisoit des Mandemens, des circulaires aux Curés de son diocèse; & quand les échos de la province avoient répété ses éloges &

qu'ils avoient percé jusques dans la capitale, il y revenoit jouir de sa renommée.

A la tenue des Etats de Languedoc, il se distinguoit par la clarté de ses rapports ; il avoit le même succès à l'Assemblée du Clergé. Plusieurs dans ce corps avoient plus de mérite réel, d'éloquence & d'instruction ; mais il avoit pour lui le suffrage des sociétés dominantes, qui en imposoit ; ses relations avec les Ministres le mettoient à même de saisir les circonstances pour se faire valoir & se procurer de nouveaux moyens de réputation, par les différentes missions dont il se faisoit charger. L'Archevêque crut devoir mettre le sceau à sa réputation, & il composa une oraison funèbre ; mais cet ouvrage prouve qu'on peut avoir l'esprit nécessaire pour obtenir le suffrage des femmes, pour en imposer à des gens prévenus, pour traiter des affaires avec quelque facilité & de la clarté, sans avoir des talens réels. Cette oraison funèbre, médiocrement écrite, n'a aucun des mouvemens de l'éloquence & ne renferme aucune idée ingénieuse. Cela n'empêcha pas l'Archevêque de Toulouse d'être admis à l'Académie Françoise ; & son discours de réception prouve également la médiocrité de ses talens & de son esprit. L'Archevêque, sous le Ministère de Turgot, jouissoit du plus grand crédit ; il étoit son ancien ami, de la même secte, partisan, comme lui, d'une liberté sans bornes, & ennemi des systêmes de crédit & de banque, regardés par les économistes comme les plus dangereux palliatifs. Lorsque Necker vint en place, ce Ministre prit une route opposée à celle de Turgot, dont il n'imita que l'austérité; il établit un systême de crédit & d'emprunt, & montra une grande incertitude sur la question de la liberté indéfinie du commerce des grains.

Necker étoit odieux à Turgot, qui n'en parloit qu'avec le dernier mépris, & ne se servoit, lorsqu'il étoit question de lui, que de ces mots : *ce drôle-là*; ses amis, pour ménager sa sensibilité, avoient soin d'éviter d'en faire mention; la haine de cet homme, vraiment vertueux, venoit de l'idée que Necker étoit un imposteur, qui feroit le malheur de la France. L'Archevêque de Toulouse, malgré la contrariété de ses principes avec ceux de Necker, malgré les égards qu'il devoit à son ami Turgot, voyant l'ascendant que prenoit Necker dans le public & dans les sociétés dominantes, s'empressa de rechercher son amitié, & eut l'air de partager l'enthousiasme général; c'est par cette conduite qu'il sut toujours conserver du crédit & un accès intime auprès des Ministres. Il s'insinua aussi par la suite auprès de M. de Calonne qui s'adressa à lui pour le choix des Membres du Clergé qui devoient être appelés à l'Assemblée des Notables. Ce Ministre n'exclut que l'Archevêque de Lyon, homme bien supérieur,

ſupérieur, pour l'eſprit & les talens, à l'Archevêque de Toulouſe, regardé comme un intrigant, & l'Evêque d'Arras, qu'il regardoit comme ſon ennemi perſonnel.

Tous les Miniſtres qui ſe ſuccédoient, & Necker comme les autres, avoient les égards les plus marqués pour l'Archevêque, qu'on ſavoit être, au moyen de l'intermédiaire Vermont, en relation avec la Reine.

L'Archevêque intrigua ſourdement pendant l'Aſſemblée des Notables contre M. de Calonne, qui fut diſgracié avant la fin de cette Aſſemblée. Le Roi, prévenu contre l'Archevêque & contre Necker, étoit porté à les exclure du Miniſtère; peu de jours avant, il avoit écrit à M. de Calonne, pour le raſſurer contre les intrigues de l'Archevêque, & il avoit fini ſa lettre par ces mots : je ne veux ni Nécraille, ni Prêtraille. On voit par-là que le Roi étoit en garde contre ces deux hommes. M. de Calonne fut diſgracié peu de temps après & remplacé par un vieux Conſeiller d'Etat, uſé par l'âge, & qui n'avoit aucun des talens néceſſaires, ſur-tout dans un temps auſſi critique; c'étoit envoyer un cheval de fiacre diſputer le prix à Newmarket. L'Archevêque ſentit que ce fantôme miniſtériel s'évanouiroit bientôt, & il redoubla d'intrigues pour lui ſuccéder; ſes démarches ne tardèrent pas à être couronnées du ſuccès. L'averſion du Roi fut vaincue par les ſuggeſtions des partiſans de l'Archevêque, qui le préſentèrent comme l'homme le plus capable de rétablir les affaires; il fut choiſi pour adminiſtrer les Finances, & par une ſuite de l'aveugle préjugé qui faiſoit imaginer qu'un Prêtre dans le Conſeil doit avoir un rang ſupérieur, on crut la place de Contrôleur-Général au-deſſous de l'Archevêque, tandis que des Ducs & Pairs avoient exercé la place de Secrétaire d'Etat. Il fut créé Préſident du Conſeil des Finances, & on lui ſubordonna le Contrôleur-Général, dont la nomination lui fut abandonnée. Dès-lors l'Archevêque parut deſtiné à occuper la place des Mazarin, des Richelieu; & la Reine peu de jours après s'expliqua de manière à ne laiſſer aucun doute à cet égard : *il ne faut pas s'y tromper*, dit-elle, *c'eſt un premier Miniſtre.* Il ne tarda pas d'être principal Miniſtre, qui eſt le titre donné à Mazarin & à Richelieu dans leurs patentes. La Reine avoit eu raiſon de penſer que les circonſtances rendoient un premier Miniſtre néceſſaire; & la prévention publique détermina la ſienne en faveur de l'Archevêque. Il montra dans peu ſon incapacité & la plus profonde ignorance dans les matières de Finances, qu'il paſſoit pour avoir approfondies. Il paroît que les principes des économiſtes formoient toute ſon inſtruction; c'étoit, & voilà tout, un diſciple des *Beaudeau*, des *Roubeau*, &c., ſans génie & ſans caractère. Une vague théorie étoit un foible secours pour conduire les affaires, dans le moment le plus orageux ; il n'avoit aucune idée du crédit & des combinaisons depuis long-temps adoptées pour procurer des ressources, en attendant qu'on pût employer des moyens curatifs. On aura peine à croire, & cela est pourtant vrai, qu'il ne connoissoit pas la différence des *Billets* & des *Actions* de la Caisse d'Escompte, dont il ne put jamais concevoir l'organisation & le jeu. Peu de Ministres ont montré autant d'impéritie, jointe à autant de présomption. Il passoit une partie de la matinée à écrire des billets à des femmes, & le mauvais état de sa santé ajoutoit à son incapacité. Ses projets échouèrent ; il fut réduit, après avoir fait un magnifique exposé des ressources de l'Etat, à annoncer, trois mois après, qu'on payeroit au Trésor royal un cinquième en papier ; c'étoit une espèce de banqueroute ; l'alarme des capitalistes & de tous ceux qui avoient des bienfaits du Roi, fut extrême. Cet évènement eut lieu le 16 Août, & cette époque est remarquable. Le Peuple de Paris, par un usage immémorial, se rend à Versailles, la veille de la S. Louis, qui est le 25 Août, pour voir le Roi, les appartemens, les jardins ; tout lui est ouvert, & il circule en foule dans la galerie, la chapelle & les divers appartemens. Cette circonstance & des avis reçus de la Police de Paris furent mis à profit, pour éloigner un homme, qui perdoit l'Etat par son ignorance & des coups d'autorité imprudens & mal concertés. On représenta au Roi, que la fermentation étoit extrême à Paris, & pouvoit dégénérer en fureur ; que le Peuple devoit venir le 24 à Versailles, & qu'il y avoit lieu de tout craindre du désespoir de gens qui perdoient leur fortune ; enfin, il fut articulé que les jours du Roi étoient en danger, & qu'il n'y avoit qu'un moyen de rétablir le calme, qui étoit de renvoyer l'Archevêque. Le Roi se rendit avec peine à ces représentations dictées par le zèle ; la Reine montra la plus ferme résolution de conserver un Ministre, qu'elle croyoit encore pouvoir être utile ; mais en réfléchissant qu'elle répondoit en quelque sorte des jours du Roi, si elle persistoit à soutenir l'Archevêque, elle sentit la nécessité d'en faire le sacrifice. L'Archevêque, qui ne vouloit pas que sa retraite eût l'air d'une disgrace, demanda le chapeau de Cardinal & divers bienfaits pour sa famille. La Reine affligée de la retraite de son protégé, à laquelle elle s'étoit prêtée avec tant de peine, accueillit avec bonté ses propositions, & le Roi confirma tout ce qui lui avoit été promis par la Reine. Il fut décidé que pour satisfaire le public, on appelleroit M. Necker. Un politique devoit dès-lors pronostiquer les plus grands malheurs pour l'Etat, puisque la volonté souveraine cédoit aux clameurs & aux desirs d'une cabale, pour mettre en place son idole.

Il étoit évident que l'autorité souveraine étoit ébranlée, & le Gouvernement sans force & sans vues. L'Archevêque de Toulouse, dans le trouble où l'avoit jeté la triste nouvelle, que lui avoit annoncée la Reine, avoit cru, qu'il n'étoit privé que de l'administration des Finances, & que M. Necker travailleroit avec lui; on eut de la peine à le tirer de son erreur & à lui faire entendre qu'il falloit renoncer entièrement à sa place.

M. Necker s'étoit expliqué & avoit dit, que dans un autre temps il n'auroit fait aucune difficulté de travailler avec l'Archevêque; mais que depuis la sensation que ses opérations avoient faite, il ne pouvoit avoir de relations ministérielles avec lui. Enfin, il représenta qu'il importoit au crédit public, que ce Ministre ne conservât aucune influence.

C'est ainsi que l'Archevêque de Toulouse monté au rang des Mazarin & des Richelieu, par l'intrigue de quelques femmes, en descendit honteusement, après avoir montré son incapacité, l'indécision de son caractère en affaires, & l'insuffisance de ses moyens.

Une chose à remarquer à la louange de la Reine, c'est sa constance à se refuser, pendant seize ans, aux suggestions qui lui furent faites en faveur de l'Archevêque de Toulouse; elle les rejeta tant qu'elle put croire qu'elles étoient dictées par l'ambition, concertées avec des intrigans. Mais lorsque la réputation de ce Prélat, universellement établie, lui eut fait croire qu'il étoit l'homme le plus capable d'administrer les Finances; lorsqu'elle crut enfin satisfaire le vœu général, elle s'empressa de favoriser l'élévation de l'Archevêque de Toulouse, & de lui procurer un crédit qui assurât ses opérations.

M. Necker par son compte rendu, & depuis, par ses intrigues & son ouvrage sur les Finances, avoit commencé d'enflammer les têtes, & l'Archevêque irrita les esprits. L'exil du Parlement fut le premier brandon jeté sur des matières combustibles; le Peuple commença alors à se livrer à des mouvemens séditieux; l'Archevêque, à son départ de Versailles, fut insulté par des femmes du Peuple. La populace de Paris s'étoit déjà portée à plusieurs excès, par une suite de cette fatalité, qui a réuni tant de circonstances funestes pour le renversement de la Monarchie. La cherté du pain vint dans peu augmenter les embarras du Gouvernement, & excita le mécontentement du Peuple; il se souleva dans plusieurs provinces, & ses alarmes le disposèrent à adopter tous les changemens qu'on lui présenta comme favorables à ses intérêts. L'Archevêque, par ses intrigues, rendit l'Assemblée des Notables infructueuse; & il ne fut pas moins fatal à la France pendant son Ministère, par la perte d'un temps précieux, & par le plus mal-habile choix des moyens de remédier au désordre des Finances. Mais ses fautes, les mouvemens du Peuple & la détresse des Finances n'auroient produit que des embarras passagers, sans la détermination d'assembler les Etats-Généraux, qu'il favorisa puissamment. D'ailleurs, l'imprudence qu'il eut d'inviter le public à écrire & publier ses idées sur le mode de convocation & la représentation nationale, excita à l'avance la fermentation des esprits.

La Régence d'Anne d'Autriche a été bien plus orageuse, & la Monarchie n'a pas été ébranlée; au milieu des plus grands troubles, & même parmi les personnes qui étoient le plus contraires au Gouvernement, il régnoit un attachement invariable aux anciennes maximes. Le grand Condé, qui avoit eu plusieurs fois les armes à la main contre son Souverain, s'opposa dans ce temps à l'Assemblée des Etats, qu'il regardoit, dit-il, comme dangereuse à la Monarchie.

L'Assemblée des Etats auroit pu être sans inconvéniens, si l'on avoit pris les précautions nécessaires pour arrêter ou prévenir ses entreprises; si on avoit fixé son séjour à cinquante lieues de la capitale; si on avoit eu soin de faire entrer dans cette Assemblée des hommes éclairés & imbus de bons principes; si on avoit eu enfin l'attention d'en écarter les esprits brouillons, & d'user ensuite des moyens qu'on avoit d'influer sur une Assemblée, dont la plupart des Membres n'avoient d'autre but, que de jouer un rôle, d'acquérir une réputation; & de ſe procurer des avantages. On mépriſa tellement les plus ſimples moyens, qu'on ne prit aucune meſure pour écarter Mirabeau, diffamé par ſes mœurs, redoutable par ſon génie. Il venoit de publier un ouvrage dans lequel il avoit répandu les plus abſurdes calomnies ſur les perſonnes les plus éminentes par leur rang & recommandables par leurs vertus. Le Parlement avoit pris connoiſſance de ce délit ſcandaleux, & étoit prêt de le décréter de priſe de corps. La plus légère inſinuation du Gouvernement auroit hâté ſa marche; & Mirabeau, ſous les liens d'un décret, ou contraint à fuir, n'auroit point été nommé Repréſentant de la Nation.

FIN.

www.ingramcontent.com/pod-product-compliance
Ingram Content Group UK Ltd.
Pitfield, Milton Keynes, MK11 3LW, UK
UKHW031840260826
14628UKWH00001B/496

9 782019 695071